KB274407

김재준
행정학개론

1차 | **문제집**

박문각 행정사연구소 편 _ 김재준

박문각 행정사
김재준 행정학개론
문제집 | 1차

머리말

수험생분들에게 보내는 편지

안녕하세요. 김재준입니다.

모든 수험공부는 기출문제로부터 출발합니다. 특히 행정사 제1차 시험에 빠르게 합격하기 위해서는 기출문제 학습의 중요성이 무엇보다 중요하다고 할 수 있습니다. 2026년 행정사 행정학개론 문제집은 다음과 같이 구성하였습니다.

첫째, 2013년부터 2025년까지 출제되었던 모든 기출문제를 진도별로 구성하였습니다. 순서대로 학습하면서 자연스럽게 영역별 기출문제 특징을 파악하고, 빈출 문제를 반복적으로 학습하게 됩니다.

둘째, 현재까지 출제되지 않았던 영역의 문제를 추가하였습니다. 공무원 시험 등 다른 시험에서 중요하게 다루는 주제 위주로 추가하였는데, 향후 행정사 시험에서 새롭게 출제될 가능성이 있기 때문입니다.

행정학개론 문제집을 효율적으로 학습하기 위해서는

먼저, 처음 학습할 때는 기출문제 내용을 꼼꼼하게 학습해야 합니다. 이해가 어려운 내용을 확인하고, 암기가 필요한 부분도 미루지 말고 숙지해 두셔야 합니다. 필기가 필요한 부분은 가급적 연필을 사용하고, 정답을 문제에 직접 표시하기보다는 정·오답 여부만 체크해 두세요.
문제 전체를 학습하였다면, 1회독에서 오답으로 표기했던 문제 위주로 반복 학습해 나가면 됩니다. 계속 틀리거나 헷갈리는 문제는 혼자서 해결하기보다는 질문 등을 통해서 해결하는 것이 좋습니다.

여러분의 꿈을 항상 응원합니다.

김재준 드림

행정사 시험 정보

1. **자격 분류**: 국가 전문 자격증
2. **시험 기관 소관부처**: 행정안전부
3. **실시 기관**: 한국산업인력공단
4. **시험 일정**: 매년 1차, 2차 실시

구분	원서 접수	시험 일정	합격자 발표
1차	2025년 4월 14일~4월 18일	2025년 5월 31일	2025년 7월 2일
2차	2025년 7월 28일~8월 1일	2025년 9월 27일	2025년 12월 10일

〈2025년 제13회 행정사 시험 기준〉

5. **응시자격**: 제한 없음. 다만, 행정사법 제5·6조의 결격사유가 있는 자와 행정사법 시행령 제19조에 따라 부정행위자로 처리되어, 그 처분이 있은 날부터 5년이 지나지 않은 자는 시험에 응시할 수 없다.

6. 시험 면제대상

- 1차 시험에 합격한 사람에 대하여는 다음 회의 시험에서만 1차 시험을 면제한다.
- 행정사 자격이 있는 사람으로서 다른 종류의 행정사 자격시험에 응시하는 사람은 1차 시험을 면제한다.
- 행정사법 제9조 및 동법 부칙 제3조에 따라, 공무원으로 재직하였거나 외국어 전공 학위를 받고 외국어 번역 업무에 종사한 경력이 있는 사람 등은 행정사 자격시험의 전부 또는 일부가 면제된다(1차 시험 면제, 1차 시험 전부와 2차 시험 일부 면제, 1·2차 시험 전부 면제).

7. 시험 과목 및 시간

● 1차 시험(공통)

교시	입실 시간	시험 시간	시험 과목	문항 수	시험 방법
1교시	09:00	09:30~10:45 (75분)	① 민법(총칙) ② 행정법 ③ 행정학개론(지방자치행정 포함)	과목당 25문항	5지택일

● 2차 시험

교시	입실시간	시험 시간	시험 과목	문항 수	시험 방법
1교시	09:00	09:30~11:10 (100분)	**[공통]** ① 민법(계약) ② 행정절차론(행정절차법 포함)	과목당 4문항 (논술 1문제, 약술 3문제)	논술형 및 약술형 혼합
2교시	11:30	• 일반·해사행정사 11:40~13:20 (100분) • 외국어번역행정사 11:40~12:30 (50분)	**[공통]** ③ 사무관리론 (민원 처리에 관한 법률 및 행정업무의 운영 및 혁신에 관한 규정 포함) **[일반행정사]** ④ 행정사실무법 (행정심판사례, 비송사건절차법) **[해사행정사]** ④ 해사실무법 (선박안전법, 해운법, 해사안전기본법, 해상교통 안전법, 해양사고의 조사 및 심판에 관한 법률) **[외국어번역행정사]** ④ 해당 외국어(외국어능력검정시험으로 대체하 며 영어, 중국어, 일본어, 프랑스어, 독일어, 스페인 어, 러시아어의 7개 언어에 한함)		

8. 합격 기준

- 과목당 100점을 만점으로 하여 모든 과목의 점수가 40점 이상이고, 전 과목의 평균 점수가 60점 이상인 사람(2차 시험의 해당 외국어시험 제외)
- 단, 2차 시험 합격자가 최소선발인원보다 적은 경우, 최소선발인원이 될 때까지 전 과목의 점수가 40점 이상인 사람 중에서 전 과목 평균 점수가 높은 순으로 합격자를 추가로 결정한다. 동점자로 인해 최소선발인원을 초과하는 경우 동점자 모두를 합격자로 한다.

9. 외국어능력검정시험 성적표 제출(외국어번역행정사): 외국어번역행정사 2차 시험의 '해당 외국어' 과목은 원서접수 마감일부터 거꾸로 계산하여 5년이 되는 날이 속하는 해의 1월 1일 이후에 실시된 외국어능력검정시험에서 취득한 성적으로 대체(행정사법 시행령 제9조 제3항, 별표 2)

● 외국어 과목을 대체하는 외국어능력검정시험 종류 및 기준점수

시험명	기준점수	시험명	기준점수
TOEFL	쓰기 시험 부문 25점 이상	IELTS	쓰기 시험 부문 6.5점 이상
TOEIC	쓰기 시험 부문 150점 이상	신HSK	6급 또는 5급 쓰기 영역 60점 이상
		DELE	C1 또는 B2 작문 영역 15점 이상
TEPS	쓰기 시험 부문 71점 이상 ※ 청각장애인: 쓰기 시험 부문 64점 이상	DELF/ DALF	• C2 독해와 작문 영역 25점 이상 • C1 또는 B2 작문 영역 12.5점 이상
G-TELP	GWT 작문 시험 3등급 이상	괴테어학	• C2 또는 B2 쓰기 모듈 60점 이상 • C1 쓰기 영역 15점 이상
FLEX	쓰기 시험 부문 200점 이상	TORFL	4단계 또는 3단계 또는 2단계 또는 1단계 쓰기 영역 66% 이상

행정학개론
1차 시험 총평

1. 총평

2025년 행정사 행정학은 기출문제만 학습해서는 충분한 점수를 확보하기 어려운 시험이었습니다. 문제 자체의 어려움보다는 그동안 출제가 되지 않던 주제에서 출제가 되었기 때문입니다. 이러한 경향은 2024년 시험부터 시작되었고 2025년 시험에 본격적으로 반영되면서 많은 수험생이 어려움을 겪었습니다. 앞으로 행정학에서 안정적인 점수를 획득하기 위해서는 공무원 시험에 출제되는 주제까지 폭넓은 학습이 필요합니다.

2. 출제 영역

영역별로 분석해 보면 2025년 시험에서는 총론에서 가장 많이 출제되었습니다. 과거 시험에서도 대체로 총론이 차지하는 비율이 가장 높았지만, 영역별 출제 빈도는 해마다 편차가 있습니다. 영역별로 살펴보면 총론에서는 행정학의 성격, 시장성 테스트 등이 어려운 주제였습니다. 조직에서는 최근 공무원 행정학에서도 출제되었던 공직봉사동기에 대해서 심도 있게 출제되었습니다. 지방자치에서는 지방자치법 조항과 관련하여 지엽적인 문항이 출제되었습니다. 다만, 평균 60점 이상만 획득하면 되는 행정사 제1차 시험에서는 해당 문항 정도의 문제를 학습하기보다는 빠르게 넘어가는 것이 합리적인 전략입니다.

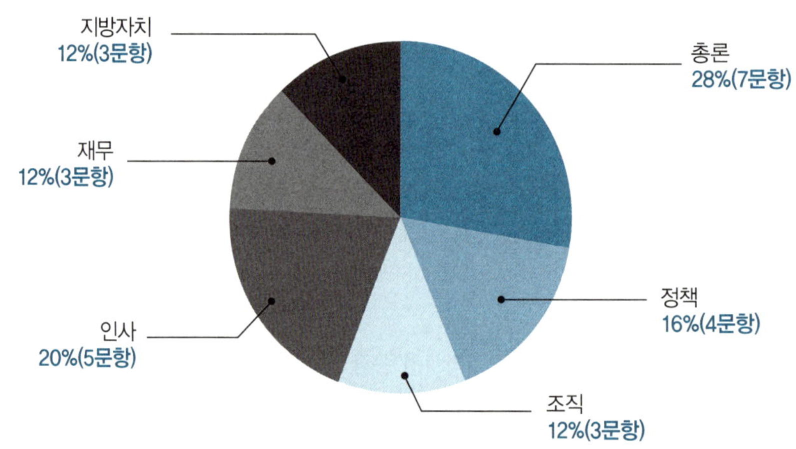

행정학개론
출제 경향 분석

◆ **2013~2025 행정사 행정학 출제 영역 및 주제**

영역	주제	출제 빈도	영역	주제	출제 빈도
총론	행정의 의미	5	정책	정책개요	4
	사바스의 공공서비스 유형	1		정책유형의 분류	4
	규제	1		정책참여자들 간의 관계	5
	시장실패와 정부실패	7		정책의제설정	4
	정부의 규모	1		정책분석	3
	민영화	4		정책결정	7
	정부와 시민사회	1		정책집행	7
	행정의 가치	6		정책평가	7
	행정의 관점	4		정책변동	1
	행정학의 발달	20			
	행정학의 접근방법	14			
	정보화 사회와 전자정부	11			
	행정책임 및 통제	8			
	옴부즈만 제도	4			
조직	조직이론의 발달과 인간관	3	인사	인사행정의 발달	5
	동기부여 이론	6		고위공무원단	1
	리더십 이론	4		중앙인사기관	2
	조직구조	5		우리나라 공무원의 종류	3
	데프트(Daft)가 제시한 조직구조 유형	5		계급제와 직위분류제	5
	관료제	4		공무원의 임용 등	5
	탈관료제	3		공무원 교육훈련	1
	우리나라 정부조직	7		근무성적평정	5
	공기업	3		공무원 보수	1
	조직의 목표	1		공무원 행동규범	4
	관리과정	1		공무원 부패	3
	조직(행정)개혁	8		공무원의 징계	5
				기타 사항	4
재무	재무행정 개요	4	지방자치	지방자치의 의미	4
	국가재정법 예산총칙	2		지방자치단체의 구조	1
	우리나라 예산안의 편성	2		우리나라의 지방자치단체	9
	예산(안)의 심의	2		주민의 참여	6
	우리나라 예산의 집행	1		자치입법권(조례와 규칙)	2
	우리나라 예산의 결산	1		지방의회 및 집행기관	3
	기금	1		분쟁조정위원회	1
	예산	2		광역행정	3
	예산의 원칙	4		국가와 지방자치단체 간의 관계	1
	우리나라 예산의 신축성	2		지방재정	9
	예산결정이론	1		지방공기업, 특별지방행정기관, 자치경찰	4
	재정정책을 위한 예산	2			
	예산의 분류	2			
	예산제도	3			
	재정개혁	1			
	지출충당	1			
	정부회계	2			

차 례

Chapter

01

총론

총론

01 행정학의 성격으로 옳지 않은 것은? 2025 행정사

① 행정문제에 대한 처방과 실천을 강조하는 기술성(art)
② 행정현상의 인과관계 지식화를 강조하는 과학성
③ 실용학문으로서의 전문직업성
④ 다양한 학문분야의 영향을 받은 종합학문성
⑤ 일정한 경로를 따라 움직이는 경로의존성

02 행정에 관한 설명으로 옳지 않은 것은? 2020 행정사

① 공익을 지향하며 공공문제의 해결이라는 공공 목적을 달성한다.
② 공공서비스를 생산하고 공급하며 배분하는 모든 활동을 의미한다.
③ 오늘날에는 정부가 공공서비스의 생산 및 공급을 독점한다.
④ 참여와 협력이라는 거버넌스 개념을 지향해가고 있다.
⑤ 공공서비스의 생산·분배 과정에서 국민의 의견을 존중하고 국민에 대해 책임을 다해야 한다.

03 행정개념에 관한 설명으로 옳지 않은 것은? 2020 행정사

① 행정의 실체와 역할은 정부를 둘러싼 정치적·사회적·문화적 환경 등의 다양한 환경 속에서 규정된다.
② 행정의 영역과 범위는 명확하게 설정되고 있지 않으며 그 한계도 분명하지 않아서 고도로 체계화된 개념화는 어렵다.
③ 행정에 대한 연구대상의 선택이나 연구방법의 변화에 따라 다르게 이해되어 왔다.
④ 행정개념이 기능개념이기 때문에 기능 변화와 다양화에 따라 여러 시각으로 설명될 수는 없다.
⑤ 오늘날에는 행정에 대한 개념 해석이 계속 확대되고 있다.

04 행정학의 학문적 성격에 관한 설명으로 옳은 것은? 2019 행정사

① 행정학의 과학성을 강조하는 사람들은 행정현상의 보편적인 원칙을 인정하지 않는다.

② 행정학에서 기술성은 행태주의에 의해 중요하게 제기되었다.

③ 상대적으로 사이먼(H. A. Simon)은 기술성을, 왈도(D. Waldo)는 과학성을 더 강조하였다.

④ 행정학은 다른 학문으로부터 많은 이론과 지식을 받아들여 종합학문적인 성격을 지니고 있다.

⑤ 1950년대에 공공선택론, 신행정론 등의 영향으로 행정학의 정체성 위기가 처음 등장했다.

---

01 ⑤ 경로의존성은 역사적 제도주의의 특징으로, 일반적인 행정학의 성격에 해당하지 않는다.

02 ③ 최근에는 정부와 시장, 시민사회가 함께 공공서비스를 제공하고 있다. 예컨대 사회적 약자를 위하여 식품을 무상으로 공급하는 체계인 푸드뱅크(food bank)가 있다. 푸드뱅크는 NGO 등 시민단체가 운영하고, 민간 식품회사가 유통기한이 임박한 식품을 기부하고, 시민이 자원봉사를 통하여 포장 및 배송하며, 정부가 보조금을 지원한다.

03 ④ 다른 사회과학 분야와 마찬가지로 행정은 여러 시각에서 다양하게 설명될 수 있다.

04 ① 행정학의 과학성을 강조하는 사람들은 행정현상의 보편적인 법칙발견을 강조한다.
② 행정학에서 과학성은 행태주의에 의해 중요하게 제기되었다.
③ 상대적으로 사이먼(H. A. Simon)은 과학성을, 왈도(D. Waldo)는 기술성을 더 강조하였다. 행정학의 과학성은 이론적 연구와 데이터 수집 및 분석을 사용하는 반면, 기술성은 일을 완수하는 관리기술과 실용성을 강조한다.
⑤ 공공선택론은 1970년대, 신행정론은 1960년대에 등장하였다. 또한 행정학의 정체성 위기는 행정학이 경영학과 구분되지 않고, 심리학적 접근이 많으며, 가치문제를 제외한 1940년대 사이먼의 행태론이 대두되면서 등장하였다.

Answer   01. ⑤   02. ③   03. ④   04. ④

05 **행정(학)에 관한 설명으로 옳지 않은 것은?** 2013 행정사

① 행정은 민주성, 능률성, 합법성, 효과성, 형평성 등을 추구한다.

② 행정학은 행정현상의 과학화를 목적으로 하기 때문에 이론과 실제를 분리하여 연구하는 학문이다.

③ 행정학은 시민사회, 정치집단, 시장과의 상호작용 속에서 공공가치의 달성을 위해 정부가 수행하는 정책이나 관리활동에 대한 지식과 이론을 연구대상으로 한다.

④ 좁은 의미의 행정은 행정부의 구조와 공무원을 포함한 정부 관료제를 중심으로 이뤄지는 활동을 의미한다.

⑤ 행정학은 정치학, 경제학, 경영학, 사회학, 법학, 심리학 등의 이론과 지식을 접목하여 사용하고 있다.

제2절 사바스의 공공서비스 유형

06 **경합성과 배제성을 기준으로 분류한 재화의 유형에 관한 설명으로 옳지 않은 것은?** 2018 행정사

① 공유재는 경합성과 비배제성을 지니고 있다.

② 유료재(toll goods)는 고속도로나 공원 같이 배제원칙의 적용이 가능한 공공재를 포함한다.

③ 순수공공재의 공급은 정부가 담당하지만 그 비용은 수익자가 자신의 편익에 정비례하여 직접 부담한다.

④ 순수민간재는 경합성과 배제성을 동시에 지니고 있다.

⑤ 공공재의 존재는 시장실패를 초래할 수 있다.

제3절 규제

07 다음은 무엇에 관한 설명인가? 2014 행정사

> 이것은 정부가 시행하는 규제정책의 실효성을 확보하기 위한 수단으로서 시장지배적 사업자가 남용행위를 한 경우, 또는 불공정거래행위가 있는 경우에 당해사업자에 대해서 경제적 이익을 박탈하는 제도이다.

① 과징금
② 부담금
③ 범칙금
④ 과태료
⑤ 수익성 행정행위(면허)의 정지 또는 철회

---

05 ② 행정학은 행정현상을 진단하고 그에 따라 처방을 제시해야 하기 때문에 이론(과학성)과 실제(처방성)를 통합하여 연구하는 실천적 접근을 지향한다.

06 ③ 순수공공재는 무임승차(free riding)가 발생하기 때문에 세금, 징병 등 집합적 기여(collective contribution)를 통해서 공급되며, 비용지불과 관계없이 혜택을 누릴 수 있다. 편익에 비례해서 비용을 부담하는 것은 시장재와 요금재이다.

※ 사바스의 공공서비스 유형

배제성 \ 경합성	경합	비경합
배제	시장재 • 부분적인 정부개입 • 구두, 라면, 자동차, 냉장고 등	요금재 • 자연독점 • 고속도로, 상하수도, 케이블TV 등
비배제	공유재 • 공유지의 비극(사유화, 정부 규제, 공동체 스스로 해결) • 목초지, 국립도서관, 올림픽 주경기장, 해저광물, 출근길 시내도로, 공공낚시터 등	공공재 • 무임승차 • 일기예보, 국방, 외교, 무료TV방송, 등대 등

07 ② 부담금: 재화 또는 용역의 제공과 관계없이 특정 공익사업과 관련하여 법률에서 정하는 바에 따라 부과하는 조세 외의 금전지급의무를 말한다.
③ 범칙금: 범칙자가 도로교통법에 따른 통고처분에 따라 국고(國庫) 또는 제주특별자치도의 금고에 내야 할 금전을 말한다.
④ 과태료: 국가 또는 공공단체가 국민에게 과하는 금전벌을 말한다.

Answer　　05. ②　　06. ③　　07. ①

제4절 │ 행정지도

08 다음이 설명하는 것에 대한 특징으로 옳지 않은 것은?

> 정부가 어떤 목적을 달성하기 위해 국민들에게 영향을 미치려는 활동으로 권고, 협조요청 등을 말한다. 과거 개발연대에 행정이 민간부분의 발전을 선도·관리하면서 영역이 매우 확대된 것으로, 법적 구속력을 수반하지는 않는다.

① 민간부문의 정부 의존도가 높을수록 유용성이 커진다.
② 행정수요가 임시적, 잠정적이어서 법적 대응이 곤란할 때 활용한다.
③ 행정수요 변화에 따라 입법조치가 신속하게 이루어질 때 활용한다.
④ 새로운 또는 긴급한 행정수요에 응급적 또는 보완적으로 대응할 수 있다.
⑤ 책임소재가 불분명할 수 있다.

제5절 │ 민원행정(민원 처리에 관한 법률)

09 민원행정의 성격에 대한 설명으로 옳은 것만을 모두 고르면?

> ㄱ. 규정에 따라 서비스를 제공하는 전달적 행정이다.
> ㄴ. 행정기관도 민원을 제기하는 주체가 될 수 있다.
> ㄷ. 행정구제수단으로 볼 수 없다.

① ㄱ   ② ㄷ
③ ㄱ, ㄴ   ④ ㄴ, ㄷ
⑤ ㄱ, ㄴ, ㄷ

제6절 공공기관의 정보공개에 관한 법률

10 공공기관의 정보공개에 관한 법률과 관련된 내용으로 옳은 것은?

① 헌법상의 '알권리'를 구체화하기 위하여 1996년 제정되었다.

② 모든 국민은 정보의 공개를 청구할 권리를 가지며, 외국인은 청구할 수 없다.

③ 공공기관은 예산집행의 내용과 사업평가 결과 등 행정 감시에 필요한 정보가 다른 법률에서 비밀이나 비공개사항으로 규정되었더라도 이를 공개하여야 한다.

④ 공공기관은 정보공개의 청구를 받으면 부득이한 사유가 있더라도 그 청구를 받은 날부터 연장 없이 10일 이내에 공개 여부를 결정하여야 한다.

⑤ 정보공개 청구는 청구서 제출을 통해서만 할 수 있다.

---

08 제시문은 행정지도에 대한 설명으로, 행정지도는 행정수요 변화에 따라 입법조치가 신속하게 이루어지지 못할 때 활용한다.

09 ㄷ. 행정기관 등의 위법·부당하거나 소극적인 처분 및 불합리한 행정제도로 인하여 국민의 권리를 침해하거나 국민에게 불편 또는 부담을 주는 사항에 관한 민원(고충민원) 등은 행정구제수단으로 볼 수 있다.

10 ② 모든 국민은 정보의 공개를 청구할 권리를 가지며, 일정한 요건을 갖춘 외국인도 청구할 수 있다.
③ 공공기관은 예산집행의 내용과 사업평가 결과 등 행정 감시에 필요한 정보가 다른 법률에서 비밀이나 비공개사항으로 규정된 것은 비공개 대상 정보이다.
④ 정보공개의 청구를 받으면 그 청구를 받은 날부터 10일 이내에(부득이한 경우 10일의 범위에서 공개 여부 결정기간 연장 가능) 공개 여부를 결정해야 한다.
⑤ 정보공개 청구서를 제출하거나 말로써 공개를 청구할 수 있다.

Answer 08. ③ 09. ③ 10. ①

제7절 | 시장실패

11 시장실패에 관한 설명으로 옳은 것은? 2018 행정사

① 시장에서의 정보 비대칭성은 자원배분의 효율성과는 무관하다.

② 전기·수도와 같은 공공서비스 공급에 정부가 개입하는 이유는 해당 서비스가 비경합성과 비배제성을 지니고 있기 때문이다.

③ 긍정적 외부효과가 존재하는 시장의 경우 과소공급에 따른 비효율성이 초래된다.

④ 코우즈 정리(Coase theorem)에서는 부정적 외부효과의 해결을 위한 정부의 규제정책을 강조한다.

⑤ 자연독점산업의 경우 경쟁의 촉진이 산업 전체의 생산비용 절감 측면에서 유리하다.

12 시장실패의 이유에 관한 내용으로 옳은 것을 모두 고른 것은? 2022 행정사

> ㄱ. 정부의 공공지출에 대한 순편익 극대화 보장의 어려움
> ㄴ. 공공서비스 성과평가의 객관적 기준설정의 어려움
> ㄷ. 국방 및 치안서비스 활동과 같은 공공재의 독점적 성격
> ㄹ. 환경오염으로 인한 외부불경제 효과

① ㄱ, ㄴ   ② ㄱ, ㄹ

③ ㄴ, ㄷ   ④ ㄴ, ㄹ

⑤ ㄷ, ㄹ

13 시장실패의 원인으로 옳지 않은 것은? 2019 행정사

① 공공재   ② 외부효과

③ 파생적 외부성   ④ 정보의 비대칭성

⑤ 불완전한 경쟁

Chapter
01

14 시장실패의 요인으로 옳지 않은 것은? 2017 행정사

① 비용과 편익의 괴리 ② 외부효과의 발생
③ 공공재의 존재 ④ 소득의 불공정한 분배
⑤ 독과점의 출현

---

11 시장실패란 시장에서 효율적인 자원배분이 일어나지 못하는 상황으로 시장에 대한 정부의 개입근거가 된다.
① 거래 당사자들이 가진 정보의 비대칭은 시장실패의 원인으로 자원배분의 비효율을 초래한다.
② 전기·수도는 요금재에 해당한다. 요금재는 비경합성과 배재성을 지니고 있다. 자연독점 현상이 발생할 수 있으므로 정부가 직접 공급하거나 가격 규제를 통해 개입한다.
④ 코우즈 정리에서는, 소유권을 부여한다면 부정적 외부효과를 정부의 개입 없이 민간 스스로 해결할 수 있다고 본다.
⑤ 자연독점이 발생하면 경쟁이 사라지게 되므로 생산비용 절감 유인이 떨어진다.

12 ㄷ. 공공재, ㄹ. 외부효과
※ **시장실패의 원인**

공공재	시장에 의해 공공재가 충분히 공급되기 어려움
외부효과	• 외부경제: 정원 꾸미기 등 제3자에게 이득 → 보조금 • 외부불경제: 오염물질 배출 등 제3자에게 피해 → 피구세, 소유권 부여(코오즈 정리), 오염 허가서 등 정부가 규제
자연독점	대규모 투자가 필요한 분야에 규모의 경제가 발생하고 이로 인한 독점 현상
불완전 경쟁	완전독점과 완전경쟁 시장 사이를 의미하며, 독점적 경쟁이나 과점을 의미
정보의 비대칭	주인−대리인 간 정보의 비대칭 현상 등 거래 당사자들이 가진 정보의 양이 다름

13 ③ 파생적 외부성은 정부실패의 원인이다.
※ **정부실패의 원인**

사적 목표의 설정	관료 개인이나 소속기관의 이익을 우선적으로 고려하는 내부성 발생
X−비효율성	정부가 재화나 서비스를 독점적으로 제공하기 때문에 발생
파생적 외부효과	시장실패를 해결하기 위해 정부가 개입하여 발생한 의도하지 않은 부작용
권력의 편재	정부는 강제력을 가지고 있으므로, 권력으로 인한 분배적 불공평성이 발생
비용과 편익의 괴리	• 정부가 제공하는 서비스는 비용과 편익이 이어져 있지 않음 • 다수의 비용과 소수의 편익이 발생하는 미시적 절연과 소수의 비용과 다수의 편익이 발생하는 거시적 절연으로 구분됨
지대추구행위	정부가 발생시키는 인위적 지대를 획득하기 위해 자원을 낭비하는 활동

14 ① 비용과 편익의 괴리는 정부실패의 원인이다.

11. ③   12. ⑤   13. ③   14. ①

15 시장실패의 요인으로 옳은 것을 모두 고른 것은? 2020 행정사

> ㄱ. 불완전한 경쟁 ㄴ. 비용과 수입의 절연
> ㄷ. 정보의 불충분성 ㄹ. 내부조직목표와 사회적 목표의 괴리
> ㅁ. 파생적 외부효과 ㅂ. 외부효과

① ㄱ, ㄷ, ㅂ ② ㄱ, ㄹ, ㅁ
③ ㄱ, ㄹ, ㅂ ④ ㄴ, ㄷ, ㅁ
⑤ ㄴ, ㄹ, ㅁ

16 외부효과에 관한 설명으로 옳지 않은 것은? 2024 행정사

① 긍정적 외부효과는 사회적 적정수준보다 과잉생산의 결과를 가져온다.
② 불법주차, 환경오염 등은 부정적 외부효과를 야기시키는 행위이다.
③ 외부효과란 시장을 거치지 않고 제3자에게 이익을 주거나 비용을 부담시키는 행위이다.
④ 부정적 외부효과를 해결하기 위해 조세를 부과할 수도 있다.
⑤ 긍정적 외부효과의 대표적인 예는 교육, 교통정리 등이 있다.

제8절 | 정부실패

17 정부실패이론의 설명으로 옳지 않은 것은? 2023 행정사

① 정부예산의 공유재적 성격 때문에 자원배분의 비효율성이 발생한다.
② 정부의 X-비효율성은 정부서비스의 공급 측면보다는 사회적·정치적 수요 측면 때문에 발생한다.
③ 선거에 민감한 정치인들의 정치적 보상기제로 인해 사회문제가 과장되거나 단기적 해결책에 그치는 경우가 발생한다.
④ 사회문제 해결의 목표보다는 내부적인 절차와 규칙에 집착하는 정부조직 목표의 대치(displacement) 현상이 발생한다.
⑤ 정부 개입에 의한 인위적 지대(rent)를 획득하는 과정에서 불필요한 자원 낭비가 발생한다.

제9절 정부의 규모

18 공무원의 수가 업무량에 관계없이 일정 비율로 증가하는 현상을 무엇이라고 하는가?

① 피터의 원리(Peter principle)
② 과두제의 철칙(iron law of oligarchy)
③ 딜론의 원칙(Dillon's rule)
④ 파킨슨의 법칙(Parkinson's law)
⑤ 세이어의 법칙(Sayre's law)

---

15 ㄴ, ㄹ, ㅁ은 정부실패의 요인이다.

16 ① 긍정적 외부효과는 사회적 적정수준보다 과소생산의 결과를 가져온다.

17 ② X−비효율성은 정부가 재화나 서비스를 독점적으로 제공하기 때문에 발생한다.

18 ① 피터의 원리(Peter principle) : 계층제적 관료조직 내에서 구성원이 각자의 능력을 넘는 수준까지 승진하는 것을 말한다.
② 과두제의 철칙(iron law of oligarchy) : 소수의 지도자가 지배하는 체제에서, 지도자들이 대중의 요구보다 권력의 획득과 유지를 추구하는 현상이다.
③ 딜론의 원칙(Dillon's rule) : 지방정부와 주정부의 관계에서 지방정부를 주정부의 피조물로 보는 관점이다.
⑤ 세이어의 법칙(Sayre's law) : '공사행정은 모든 중요하지 않은 점에 있어서 근본적으로 같다.(Public and private administration are alike in all unimportant respects.)' 즉 사소한 부분에서는 공행정과 사행정은 동일하지만, 중요한 부분에서는 차이가 있다는 것을 의미한다. 즉 공사행정이원론 관점이다.

Answer　　15. ①　16. ①　17. ②　18. ④

19 공급의 담당주체와 수단의 결합방식으로 공공서비스를 아래와 같이 나타낼 때 (　　)에 들어갈 내용으로 옳은 것은? 2024 행정사

구분		공급 주체	
		공공부문	민간부문
공급 수단	권력	(ㄱ)	(ㄴ)
	시장	(ㄷ)	(ㄹ)

① ㄱ: 일반행정, ㄴ: 책임경영, ㄷ: 민간위탁, ㄹ: 민간기업
② ㄱ: 책임경영, ㄴ: 일반행정, ㄷ: 민간기업, ㄹ: 민간위탁
③ ㄱ: 민간기업, ㄴ: 민간위탁, ㄷ: 책임경영, ㄹ: 일반행정
④ ㄱ: 일반행정, ㄴ: 민간위탁, ㄷ: 책임경영, ㄹ: 민간기업
⑤ ㄱ: 책임경영, ㄴ: 민간위탁, ㄷ: 일반행정, ㄹ: 민간기업

20 다음은 무엇에 관한 설명인가? 2016 행정사

> 정부가 민간부문과 계약을 통해 공공서비스를 제공하는 방법이다. 이 경우 정부는 공공서비스의 공급결정자가 되고, 민간부문은 그 서비스의 생산·공급자가 된다.

① 성과관리 ② 품질관리
③ 민간위탁 ④ 책임경영
⑤ 자조활동

21 다음에서 설명하고 있는 공공서비스 전달 방식은? 2025 행정사

> • 민간부문에 대해 일정한 구역 내 공공서비스를 제공할 수 있는 영업권을 부여하는 방식
> • 정부가 서비스 수준 및 요금체계를 통제하면서도 서비스 생산을 민간부문에 이양하는 형태

① 보조금 ② 바우처
③ 아웃소싱 ④ 프랜차이즈
⑤ 자조활동

22 공공서비스 생산방식 중 이용권(voucher)에 관한 설명으로 옳지 <u>않은</u> 것은? ^{2024 행정사}

① 공공서비스의 생산을 민간에 위탁하는 방법 중의 하나이다.

② 시민들은 정부가 지정하는 하나의 서비스 제공 기관에서 이용권을 사용하여야 한다.

③ 보건복지부는 각종 돌봄서비스에서 전자 이용권을 제공하고 있다.

④ 소비자 중심의 맞춤형 사회서비스가 강조되면서 서비스가 확대되고 있다.

⑤ 노인, 장애인, 보육 정책 등에서 서비스가 확대되고 있다.

19
- 일반행정 : 정부가 직접 생산하여 공급하는 정부의 기본적인 업무이다.
- 민간위탁 : 정부의 사무를 계약을 통해 민간부문이 대신하여 수행하도록 하는 방식이다.
- 책임경영 : 공공성 측면에서 공공부문에서 공급하지만 서비스 제공방식은 시장을 활용하여 성과를 관리한다.
- 민간기업 : 민간부문에서 서비스를 생산할 능력이 있어 시장을 통해 탄력적으로 서비스가 공급된다.

20 ③ 민간위탁의 계약방식에 대한 설명이다.

※ **사바스(Savas)의 공공서비스 제공방식**

구분		배열자(공급결정자)	
		정부	민간
생산자	정부	• 정부서비스 : 정부가 세금이나 수수료를 받아서 행정서비스를 제공하는 방식 • 정부 간 협약 : 정부 간에 서비스 제공에 대한 계약을 맺는 방식	정부 응찰 : 민간이 정부기관으로부터 물건이나 서비스를 구매하는 방식
	민간	• 계약 : 정부가 민간에게 비용을 지불하고 서비스를 제공하도록 하는 방식 • 면허(프랜차이즈) : 공공서비스를 제공하는 권리를 인정하는 방식 • 보조금 : 정부가 재정 또는 현물을 지원하는 방식	• 바우처 : 금전적 가치가 있는 쿠폰을 제공하는 방식 • 시장 : 소비자가 배열하고 비용을 지불하는 영역 • 자원봉사 : 공익을 위해 봉사하는 사람을 활용 • 셀프서비스 : 수혜자와 제공자가 같은 집단에 소속되어서 서로 돕는 방식

21 ① 보조금(grant) 방식 : 민간조직 또는 개인이 제공하는 서비스 활동에 대해 정부가 재정 또는 현물을 지원하는 방식이다.

② 바우처(voucher) : 공공서비스의 생산을 민간부분에 위탁하면서 시민들의 구입부담을 완화시키기 위해 금전적 가치가 있는 쿠폰(coupon)을 제공하는 방식으로, 미국의 식품구매권(food stamp) 등을 예로 들 수 있다.

③ 민영화 계약방식(contracting-out) = 아웃소싱 : 정부가 민간에게 비용을 지불하고 서비스를 제공하도록 하는 방식으로 비영리 단체에 의한 보건 복지 서비스 및 민간업체에 의한 쓰레기수거업무, 도로건설업무 등을 예로 들 수 있다.

⑤ 셀프서비스(self-service) = 자조활동 : 공공서비스의 수혜자와 제공자가 같은 집단에 소속되어서 서로 돕는 방식으로, 주민순찰 등을 예로 들 수 있다. 주민순찰이 해당 지역 경찰과 협력관계가 있다면, 서비스 공동생산 형태로 볼 수도 있다.

22 ② 시민들은 바우처를 사용할 수 있는 다양한 기관 중에서 선택하여 서비스를 제공받을 수 있다.

19. ④   20. ③   21. ④   22. ②

제11절 민간투자 유치

23 민간투자사업자가 사회기반시설 준공과 동시에 해당 시설 소유권을 정부로 이전하는 대신 시설관리운영권을 획득하고, 정부는 해당 시설을 임차 사용하여 약정기간 임대료를 민간에게 지급하는 방식은?

① BTO(Build-Transfer-Operate)

② BTL(Build-Transfer-Lease)

③ BOT(Build-Own-Transfer)

④ BLT(Build-Lease-Transfer)

④ BOO(Build-Own-Operate)

제12절 행정서비스 관련 기타 논의

24 다음에서 설명하고 있는 개념으로 가장 옳은 것은?

> 행정기관이 제공하는 행정서비스의 기준과 내용, 이를 제공받을 수 있는 절차와 방법, 잘못된 서비스에 대한 시정 및 보상조치 등을 구체적으로 정하여 공표하고 이의 실현을 국민에게 약속하는 것

① 고객만족도

② 행정서비스헌장

③ 민원서비스

④ 행정의 투명성 강화

⑤ 사회적 기업

제13절 정부와 시민사회

25 사회적 자본(Social Capital)에 관한 설명으로 옳은 것은? 2015 행정사

① 귤릭(L. Gulick), 어윅(L. Urwick), 페이욜(H. Fayol) 등이 주장하였다.

② 가치중립적이며 과학적인 탐구를 강조한다.

③ 경제대공황(Great Depression)을 극복하기 위한 방법론을 제시하였다.

④ 사회구성원들 간의 신뢰와 협력을 중시한다.

⑤ 신행정학의 이론 형성에 영향을 끼쳤다.

23 민간이 건설(Build)하고, 준공 후 민간이 소유권을 정부에 이전해 주고(Trasnsfer), 민간이 임대해 주고(Lease) 임대료를 정부로부터 받는다. = BTL

※ 민간투자 방식별 비교

구분	BTO	BTL	BOT	BLT	BOO
실제운영주체	민간	정부	민간	정부	민간
운영 시 소유권	정부	정부	민간	민간	민간
투자비 회수방법	사용료	임대료	사용료	임대료	사용료
소유권 이전시기	준공 후	준공 후	운영 종료 후	임대 종료 후	−

24 ① 고객만족도 : 행정서비스에 대한 고객의 만족 정도를 말한다.
③ 민원서비스 : 민원인의 처분 등 특정한 요구에 따라 행정서비스를 제공하는 것을 말한다.
④ 행정의 투명성 강화 : 투명성이란 정부의 의사결정과 집행과정 등을 외부에 드러내는 것으로, 행정의 투명성 강화는 공무원의 부패방지에 기여한다.
⑤ 사회적 기업 : 사회적 기업은 취약계층에게 사회서비스 또는 일자리를 제공하거나 지역사회에 공헌함으로써 지역주민의 삶의 질을 높이는 등의 사회적 목적을 추구하면서 재화 및 서비스의 생산·판매 등의 영업활동을 하는 기업이다.

25 ① 행정관리론을 대표하는 학자들이다. 사회적 자본은 부르디외, 후쿠야마, 퍼트남 등이 대표적이다.
② 행태론적 접근의 특징이다.
③ 통치기능론에 대한 설명이다.
⑤ 후기행태주의에 대한 설명이다.

Answer   23. ②   24. ②   25. ④

제14절 행정의 가치

26 행정의 가치에 관한 설명으로 옳은 것은? 2025 행정사

① 입법국가에 비해 현대 행정의 합법성은 상황에 따라 신축성을 부여하는 법의 적합성을 강조한다.

② 효율성은 결과적 측면, 효과성은 과정적 측면에서 정책평가의 중요한 기준이 된다.

③ 대내적 민주성에서 중요한 요소는 국민의 참여이다.

④ 수평적 형평은 약자에 대한 배려의 의미이고, 수직적 형평은 동등한 자들 간 공평의 의미이다.

⑤ 공익의 과정설은 공익과 사익이 명확히 구분되는 별개의 개념으로 본다.

27 행정이론과 추구하는 행정이념의 연결이 옳지 않은 것은? 2024 행정사

① 인간관계론 - 사회적 능률성

② 행정행태론 - 효과성

③ 신공공관리론 - 효율성

④ 과학적 관리론 - 기계적 능률성

⑤ 신행정론 - 사회적 형평

28 행정이 추구하는 가치에 관한 설명으로 옳은 것은? 2018 행정사

① 효율성은 효과성의 필요충분조건이다.

② 형평성은 '최대 다수의 최대 행복'을 강조한다.

③ 윌슨(W. Wilson)의 정치행정이원론은 행정의 정책결정권한 및 적극성을 강조한다.

④ 롤스(J. Rawls)의 '정의론'은 사회적으로 최소의 혜택을 받는 사람들에게 차별적 이익을 제공하는 이론적 근거를 제공한다.

⑤ 현대 행정에서 적극적(실질적) 의미의 민주성은 의회의 결정에 대한 철저한 순응과 법치행정을 강조한다.

29 발전목표의 설정과 달성을 통해 국가발전을 추진하던 1960년대 발전행정적 사고가 지배적일 때 부각되어 중요시되었던 행정가치는? 2017 행정사

① 능률성   ② 효과성

③ 합법성   ④ 사회적 효율성

⑤ 법적 책임성

---

26 ② 효과성은 결과적 측면, 효율성은 과정적 측면에서 정책평가의 중요한 기준이 된다.
③ 대외적 민주성에서 중요한 요소는 국민의 참여이다. 대내적 민주성은 관료조직 내부 의사결정이 상의하달식 권위주의에 의한 것이 아니라 자유로운 의사전달, 분권화, 능력발전 기회가 부여되는 것을 의미한다.
④ 수직적 형평은 약자에 대한 배려의 의미이고, 수평적 형평은 동등한 자들 간 공평의 의미이다.
⑤ 공익의 실체설은 공익과 사익이 명확히 구분되는 별개의 개념으로 본다. 공익의 과정설은 사익을 초월한 별도의 공익이란 존재할 수 없고, 공익은 사회의 다양한 집단 간에 상호 이익을 타협하고 조정하여 얻어진 결과물로 본다.

27 ② 행정행태론은 합리성을 추구한다. 효과성을 강조하는 것은 발전행정론 등이다.

28 ① 효율성(또는 능률성, efficiency)는 투입 대비 산출의 비율로서, 목표 달성도를 의미하는 효과성(effectiveness)의 필요충분조건이 아니다.
② 형평성은 사회적 약자에 대한 배려를 강조한다.
③ 윌슨의 정치행정이원론은 정치가 정책결정 권한을 가지고, 행정은 정치가 결정한 내용을 집행하는 소극성을 강조한다.
⑤ 적극적 의미의 민주성은 의회의 결정에 소극적으로 순응하는 데 머물지 않고, 재량을 발휘하는 것을 강조한다.

29 ※ 중점 가치의 변화

입법국가 (1800)	행정관리론 (1880)	통치기능론 (1930)	행정행태론 (1940)	발전행정론 (1960)	신행정학 (1960)	신공공관리론 (1980)	뉴거버넌스론 (1990)
합법성	절약과 능률	민주성	합리성	효과성	형평성	생산성 (능률 + 효과)	신뢰성

④ 사회적 효율성: 디목이 제창한 사회적 효율(능률)은 1930년대 기계적 효율관을 비판하면서 등장하였다. 산출이 인간과 사회의 만족에 기여하는 것으로, 민주성으로 이해되기도 한다.
⑤ 법적 책임성: 의회가 제정한 법률을 통해 확보되는 관료들의 책임을 의미한다.

Answer   26. ①   27. ②   28. ④   29. ②

30 **행정가치에 관한 설명으로 옳지 않은 것은?** 2014 행정사

① 합법성은 시민권의 신장과 자유권의 옹호가 중요했던 입법국가 시대의 주요 가치이다.

② 신공공관리론에서는 정치적 책임성과 법적 책임성 외에도 시장 책임성을 강조한다.

③ 효과성은 1960년대 발전행정의 사고가 지배적일 때 주된 가치판단 기준이었다.

④ 사회적 능률성은 민주성의 개념으로 이해되는 데 신행정론에서 처음 주창된 가치이다.

⑤ 민원처리 과정을 온라인으로 공개함으로써 과정의 투명성을 확보할 수 있다.

31 **행정이 추구하는 가치 중 본질적 가치에 해당하는 것은?** 2016 행정사

① 능률성　　　　　　　　② 형평성

③ 합법성　　　　　　　　④ 합리성

⑤ 효과성

제14-1절　행정의 본질적 가치

32 **실체설의 관점에서 본 공익의 개념에 관한 설명으로 옳은 것은?** 2018 행정사

① 개인의 사익을 초월한 공익이 존재한다.

② 개인의 사익 추구가 결과적으로 공동체의 선을 최대한 증대시킨다.

③ 공익은 사익의 총합이거나 사익 간의 타협 및 조정과정을 통해 얻어진다.

④ 공익은 민주적 정치체제 내의 개인과 집단 간 정치활동의 결과물이다.

⑤ 여러 사회집단의 대립과 협상 과정에서 결과적으로 다수 이익에 일치되는 것이 공익
으로 도출된다.

33 공익의 실체설과 과정설에 관한 설명으로 옳은 것을 모두 고른 것은? 2023 행정사

> ㄱ. 사익과 차별화되는 공익의 존재를 인정하는 실체설은 공익이 행정의 구체적인 지침이 될 수 있다고 본다.
>
> ㄴ. 실체설은 개인이나 집단 사이의 이해를 조정하는 행정의 조정자 역할을 강조한다.
>
> ㄴ. 과정설은 이해당사자 사이의 협상과 타협을 통해 규범적 절대가치에 도달할 수 있다고 본다.
>
> ㄹ. 지방재정법에 규정된 주민참여예산제도의 준수를 통해 지방자치단체의 예산을 배분하는 것은 과정설에 해당된다.

① ㄱ, ㄴ 　　　　　　　　② ㄱ, ㄹ
③ ㄴ, ㄷ 　　　　　　　　④ ㄱ, ㄷ, ㄹ
⑤ ㄴ, ㄷ, ㄹ

---

30 ④ 사회적 능률성은 민주성의 개념으로 이해되는 데 인간관계론에서 처음 주창된 가치이다. 신행정론에서는 사회적 형평성이 강조되었다.

31 • 본질적 가치(가치 자체가 목적) : 공익, 정의, 자유, 평등, 형평성 등
　　• 수단적 가치(본질적 가치를 실현 가능하게 하는 가치) : 능률성, 효과성, 합리성, 합법성, 민주성, 책임성, 가외성 등

32 ②, ③, ④, ⑤는 공익 과정설에 대한 설명이다.

실체설(플라톤, 루소 등)	과정설(슈버트 등)
• 보편적으로 공유하는 이익, 절대가치, 선험적·규범적으로 존재	• 사회의 다양한 집단 간에 상호 이익을 타협하고 조정하여 얻어진 결과물
• 전체이익을 최대화한 것이 공익, 관료의 독자적·적극적 역할을 강조	• 절차적 합리성을 강조하여, 적법절차의 준수에 의해 공익이 보장
• 전체주의 입장으로 개인의 이익 침해 가능	• 개인주의적·다원주의적 시각

33 ㄴ. 과정설에 대한 설명이다. 실체설은 행정의 독자적·적극적 역할을 강조한다.
　　ㄷ. 규범적 절대가치는 실체설에 대한 설명이다.

 　 30. ④　31. ②　32. ①　33. ②

제14-2절 | 행정의 수단적 가치

34 행정의 능률성(efficiency)과 효과성(effectiveness)에 관한 설명으로 옳은 것은? 2023 행정사

① 효과성은 목표와 무관하게 자원을 낭비 없이 사용하는 것을 의미한다.

② 능률성은 사회문제의 해결정도를 의미한다.

③ 어떤 해결대안이 효과적이면 그 대안은 항상 능률적이다.

④ 비용효과(cost-effectiveness) 분석은 효과를 화폐가치로 측정하기 어려운 상황에서 적용된다.

⑤ 효과성은 행정의 수단적 가치인 반면, 능률성은 민주성과 마찬가지로 본질적 가치이다.

35 투입에 대한 산출의 비율로서 과학적 관리론에서 추구하는 행정가치는? 2019 행정사

① 형평성　　　　　　　　　② 민주성

③ 가외성　　　　　　　　　④ 능률성

⑤ 합법성

36 행정에 있어서 가외성(Redundancy)에 관한 설명으로 옳지 않은 것은? 2014 행정사

① 중첩성이라고도 한다.

② 작고 효율적인 행정개혁을 저해할 수도 있다.

③ 조직의 실패 확률을 감소시켜 안정성을 높여준다.

④ 환경의 불확실성이 커질수록 가외성의 필요성은 감소한다.

⑤ 환경에 대한 조직의 적응성을 높여준다.

제15절 행정의 관점

37 **행정(학)의 성격에 관한 설명으로 옳지 않은 것은?** 2018 행정사

① 행정에서 '가치의 권위적 배분'을 강조하는 것은 행정의 정치적 특성을 나타낸다.

② POSDCORB는 행정의 관리적 측면을 강조하는 것이다.

③ 행정학은 실증학문일 뿐만 아니라 가치지향적인 규범학문의 성격도 지닌다.

④ 행정 관료의 정책형성에 대한 영향력 증가는 대의민주제의 정치적 책무성(political accountability)을 강화한다.

⑤ 행정학은 학제간(interdisciplinary) 성격을 갖는다.

---

34 ① 효과성은 목표달성도를 의미한다.
② 능률성은 투입 대비 산출의 비율을 의미한다. 사회문제의 해결정도는 효과성과 관련이 있다.
③ 효과성만 추구하다 보면 능률성이 떨어질 수 있다.
⑤ 효과성과 능률성은 둘 다 수단적 가치이다.

※ 본질적 가치 vs 수단적 가치

본질적 가치	수단적 가치
공익, 정의, 자유, 평등, 형평성 등	능률성, 효과성, 합리성, 합법성, 민주성 등

35 ④ 투입 대비 산출의 비율은 능률성(또는 효율성, efficiency)에 대한 설명이다.
① 형평성(또는 공정성, equity)은 동등한 것을 동등하게(수평적 형평성), 동등하지 않는 것을 다르게(수직적 형평성) 취급해야 한다는 것을 의미한다. 1960년대 신행정학의 등장과 더불어 강조된 가치이다.
② 민주성은 대외적으로 국민들의 의사를 존중하여 행정에 반영하고, 대내적으로 의사결정 시 구성원들의 자유로운 참여를 보장하는 것과 관련이 있다.
③ 가외성(redundancy)은 불확실한 상황에서의 오류 발생 가능성을 최소화하고 체제의 신뢰성을 높이기 위한 것으로 란다우가 행정학에 도입하였다.
⑤ 합법성은 법률적합성을 의미하며 목표의 대치, 형식주의를 가져올 수 있다.

36 ④ 환경의 불확실성이 커질수록, 불확실성에 대비하기 위하여 가외성의 필요성은 증가한다.

37 ④ 행정 관료의 정책형성에 대한 영향력 증가는 대의민주제의 정치적 책무성(political accountability)을 약화시킬 수 있다.
① 미국의 정치학자인 이스턴(David Easton)은 정치를 '가치의 권위적 배분'으로 정의하였다. 이는 행정의 정치적 특성 즉 '결정'을 나타낸다.
② 귤릭은 최고관리자의 능률적인 관리활동을 POSDCoRB[계획(Planning), 조직(Organizing), 인사배치(Staffing), 지휘(Directing), 조정(Coordinating), 보고(Reporting), 예산(Budgeting)]로 집약하였다.
③ 행정학은 행정 현상에 대한 실증적 연구(인과관계가 현실에서 어떻게 나타나는지 연구)와 능률성, 형평성 등 가치에 대한 연구도 포함한다. 또한 문제해결을 위한 처방적 연구도 사용한다. 예컨대 학생들의 낮은 성적을 높이기 위한 수단으로 '장학금'은 낮은 성적이라는 문제에 대한 '처방'이 되고, 장학금 지급을 성적순(능률성)으로 할지 또는 경제적 여건에 따라 지급할지(형평성)는 규범적 연구가 되고, 장학금을 지급하면 성적이 오르는 것이 현실적으로 나타나는지 연구하는 것은 실증적 연구가 된다.
⑤ 행정학은 경영학, 정치학 등 여러 학분 분야를 포괄한다.

Answer   34. ④   35. ④   36. ④   37. ④

38 **정치행정일원론과 정치행정이원론에 관한 설명으로 옳은 것은?** 2016 행정사

① 정치행정이원론은 행정의 정치적 기능을 강조한다.

② 과학적 관리론은 정치행정일원론의 발전에 기여하였다.

③ 정치행정일원론은 정치와 행정을 엄격히 구분한다.

④ 정치행정이원론은 엽관주의의 폐해를 극복하기 위하여 대두되었다.

⑤ 윌슨(Wilson)은 정치행정일원론의 입장을 견지하였다.

39 **정치행정일원론에 관한 설명으로 옳지 않은 것은?** 2015 행정사

① 경제대공황(Great Depression), 뉴딜정책 이후 정부의 적극적 역할이 강조된 시기에 발달되었다.

② 행정에 있어서 정책수립이라는 정치적·가치배분적 기능이 중요시된다.

③ 정치와 행정은 불가분의 관계에 있으므로 둘은 상호배타적이라기보다 서로 협조적관계에 있다.

④ 디목(M. E. Dimock), 애플비(P. H. Appleby) 등에 의해 주장되었다.

⑤ 행정에 있어서 절약과 능률을 최고 가치로 추구한다.

40 **행정과 경영의 비교에 관한 설명으로 옳지 않은 것은?** 2019 행정사

① 행정의 목적은 공익 추구이고, 경영의 목적은 이윤 극대화이다.

② 행정은 경영보다 상대적으로 엄격한 법적 규제를 받는다.

③ 행정은 모든 국민에 대한 평등성이 강조되지만, 경영은 이윤 추구 과정에서 고객 간 차별대우가 용인된다.

④ 행정과 경영은 능률성을 추구하는 과정에서 유사한 관리기법을 많이 활용한다.

⑤ 상대적으로 행정은 관리적 측면이 강하게 나타나고 경영은 권력적 측면이 강하게 나타난다.

41 행정과 경영의 차이점에 관한 설명으로 옳지 않은 것은? 2013 행정사

① 행정은 공익추구를 핵심가치로 하지만, 경영은 이윤추구를 핵심가치로 한다.

② 행정은 경영보다 의회, 정당, 이익단체로부터 더 강한 비판과 통제를 받는다.

③ 행정은 공익을 추구하기 때문에 경영보다 법적 규제를 적게 받는다.

④ 행정은 경영보다 더 강한 권력수단을 갖는다.

⑤ 행정은 모든 국민에게 법 앞에 평등원칙이 지배하지만 경영은 고객에 따라 대우를 달리할 수 있다.

38 ① 정치행정일원론은 행정의 정치적 기능을 강조한다.
② 과학적 관리론은 정치행정이원론의 발전에 기여하였다.
③ 정치행정이원론은 정치와 행정을 엄격히 구분한다.
⑤ 윌슨(Wilson)은 정치행정이원론의 입장을 견지하였다.

39 ⑤ 행정관리론에 대한 설명으로, 이는 정치행정이원론에 해당한다.

40 ⑤ 상대적으로 행정은 권력적 측면이 강하게 나타나고 경영은 관리적 측면이 강하게 나타난다.

※ 공사행정이원론(행정과 경영의 차이점)

구분	행정	경영
정치적	>	
법적 규제	>	
경쟁	독점	경쟁
공권력	○	×
공익	>	
대상	시민(평등하게 대우)	고객(이윤에 따라 차별대우)
구성원 신분보장	원칙상 법령에 의해 보장	-

↔ 공사행정일원론(행정과 경영의 유사점) : 행정과 경영은 대규모 조직의 효율적 관리를 강조

41 ③ 행정은 공익을 추구하기 때문에 경영보다 법적 규제를 많이 받는다.

Answer 38. ④   39. ⑤   40. ⑤   41. ③

42 **공공행정에 관한 설명으로 옳지 않은 것은?** 2014 행정사

① 행정은 사회환경과 밀접한 관계를 갖고 있다.

② 행정국가는 정치행정일원론의 입장에서 설명할 수 있다.

③ 행정은 경영보다 엄격한 법적 규제를 받는다.

④ 행정에 있어서 의사결정은 가치체계와 밀접한 관계를 갖고 있다.

⑤ 국민의 권리를 제한하고 의무를 부과하는 것은 행정의 본질과 거리가 멀다.

제16절 행정학의 발달

43 **행정이 국가발전이라는 목표를 달성하기 위해 정치를 비롯하여 경제·사회의 변동을 주도해 나가야 한다는 행정학설은?** 2021 행정사

① 행정관리설 ② 행정목적실현설

③ 행정행태설 ④ 발전기능설

⑤ 법함수설

44 **리그스(F. W. Riggs)의 프리즘적 모형(prismatic model)에 관한 설명으로 옳지 않은 것은?** 2020 행정사

① 개발도상국의 행정체제를 설명하기 위한 이론적 모형이다.

② 프리즘적 사회는 농업사회에서 산업사회로 넘어가는 과도기적 사회를 말한다.

③ 프리즘적 사회의 특징은 형식주의, 정실주의, 이질혼합성을 들 수 있다.

④ 생태론적 접근방법에 의해 설명된다.

⑤ 농업사회에서 지배적인 행정 모형을 사랑방 모형(sala model)이라 한다.

45 미국 행정학의 형성과 발달과정에 관한 설명으로 옳지 <u>않은</u> 것은? 2021 행정사

① 1883년 제정된 펜들턴법(Pendleton act)에 의해 엽관제 인사제도가 도입되었다.

② 1887년 윌슨(W. Wilson)은 '행정의 연구(The Study of Administration)'에서 행정의 본질을 관리로 파악하였다.

③ 1920년대에서 1930년대에 걸쳐 능률에 기초한 관리를 주장하는 정통 행정학의 모습을 갖추게 되었다.

④ 1930년대 이후 등장한 정치행정일원론은 행정의 정책형성 기능을 중시하였다.

⑤ 1940년대 이후 행태주의는 행정학의 과학화를 위하여 사실판단적인 것만을 연구대상으로 삼았다.

46 신행정학(New Public Administration)이 중요시하여 추구하였던 것은? 2017 행정사

① 행정의 탈정치화　　　　　　　② 가치와 사실의 분리

③ 논리실증주의　　　　　　　　④ 절약과 능률

⑤ 현실적합성

---

42 ⑤ 정부의 주요 활동 중 하나인 규제는 국민의 권리를 제한하고 의무를 부과하는 정부의 활동이다.

43 ④ 1960년대의 발전행정론에 대한 설명이다. 발전행정론은 후진국의 행정이 국가발전을 주도해 나가는 전략을 연구하였다.

44 ⑤ 프리즘적 사회에서 지배적인 행정 모형을 사랑방 모형(sala model)이라 한다. 농업사회는 안방 모형(chamber model), 산업사회는 사무실(office model)에 해당한다.

45 ① 미국에서 엽관주의는 1881년 가필드(Garfield) 대통령 암살 사건(엽관주의 추종자에 의해)으로 쇠퇴하고, 1883년 펜들턴법(Pendleton act)을 통해 공개경쟁채용시험, 독립적 인사위원회를 설치하는 등의 실적주의(merit system) 인사제도가 도입되었다.

46 ①, ④ 행정관리론과 관련된 설명이다.
②, ③ 행정행태론과 관련된 내용이다.

※ 신행정학
- 대표학자 : 마리니, 왈도, 프레드릭슨
- 후기 행태주의(이스턴), 미노부르크 회의 등이 신행정학에 영향
- 분권화, 정책지향적, 실천적 적실성(현실적합성), 시민참여, 고객지향성, 변화, 사회적 형평성, 행정학의 독자적 주체성 강조, 정치행정일원론

Answer　42. ⑤　43. ④　44. ⑤　45. ①　46. ⑤

47 행정이론에 관한 설명으로 옳지 않은 것은? 2021 행정사

① 신행정론은 관료들이 정책결정을 해야만 한다는 적극적 정치행정일원론을 주장한다.

② 공공선택이론은 집권적 관료제가 공공서비스를 제공하는 데 있어서 유일한 최선의 방안은 아니라고 한다.

③ 포스트모더니즘 행정이론은 사회적 맥락에 대한 고려 없이 보편적 이론을 발견하고자 하는 실증주의를 배격한다.

④ 신공공관리론은 고객의 개인적 이익이 아닌 시민 전체로서의 공익에 대한 책임성과 대응성을 강조한다.

⑤ 신제도주의 이론은 제도가 개인행위를 제약하지만, 개인 간 상호작용의 결과로 제도가 변화될 수도 있다고 본다.

48 신공공관리(New Public Management)에 관한 설명으로 옳지 않은 것은? 2020 행정사

① 정부는 시민을 위해 정부서비스의 품질을 향상시켜야 한다.

② 자원배분의 투명성을 높이고 거래비용을 최소화해야 한다.

③ 정부의 기능을 민간화하고 지출을 팽창시켜야 한다.

④ 공공관리와 시민에 대한 공공서비스 공급의 효율화를 위해 시장기제를 도입해야 한다.

⑤ 정부서비스 공급의 관리는 산출·성과 지향적이어야 한다.

49 오스본(D. Osborne)과 게블러(T. Gaebler)의 전통적 행정과 신공공관리에 관한 비교설명으로 옳지 않은 것은? 2024 행정사

	기준	전통적 행정	신공공관리
ㄱ	정부역할	노젓기	방향잡기
ㄴ	서비스 공급	독점적 공급	경쟁 도입
ㄷ	행정가치	관료 중심	고객 중심
ㄹ	행정주체	집권적 계층제	참여와 팀워크
ㅁ	관리 방식	업무 중심	규칙 중심

① ㄱ   ② ㄴ   ③ ㄷ
④ ㄹ   ⑤ ㅁ

Chapter 01

50 오스본(D. Osborne)과 플래스트릭(P. Plastrik)의 '기업가 정부'를 만들기 위한 다섯 가지 전략에 관한 설명으로 옳지 않은 것은? 2019 행정사

① 핵심전략 : 공공조직의 목표를 대상으로 하고 목표, 역할, 정책방향의 명료화 추구

② 성과전략 : 업무유인의 개선을 위해 경쟁을 도입하고 성과관리 추진

③ 고객전략 : 정부조직의 책임을 대상으로 고객에 대한 정부의 책임확보 및 고객에 의한 선택의 확대 추구

④ 통제전략 : 권력을 대상으로 하고 집권화를 추구

⑤ 문화전략 : 조직문화를 대상으로 구성원의 가치, 규범, 태도 그리고 기대를 바꾸려는 것

47 ④ 신공공관리론은 시민을 고객으로 인식하고, 공익은 사익의 총합으로 파악하며 효율성을 강조한다.

48 ③ 신공공관리론은 행정 내부에 경영기법을 도입하고 정부 기능의 민영화를 추구한다. 정부의 지출을 축소시켜야 한다.

49 전통적 행정이 '규칙 중심'이고, 신공공관리가 '업무 중심'이다.

50 ④ 통제전략 : 관료제 내부의 권한과 자원의 통제방식을 개혁하는 것으로, 분권화를 통한 자율과 책임을 부여하는 전략이다.

Answer   47. ④   48. ③   49. ⑤   50. ④

51 뉴거버넌스에 관한 설명으로 옳은 것을 모두 고른 것은? 2025 행정사

> ㄱ. 정부 내부관리에 초점을 맞춘다.
> ㄴ. 정부의 계층제보다는 수평적 네트워크 모형을 강조한다.
> ㄷ. 정부의 방향잡기 역할을 중시한다.
> ㄹ. 정부 단독의 국정관리 능력을 강조한다.
> ㅁ. 20세기 말 정부혁신의 이론적 기초를 제공하였다.

① ㄱ, ㄴ　　　　　　　　② ㄷ, ㄹ
③ ㄴ, ㄷ, ㄹ　　　　　　④ ㄴ, ㄷ, ㅁ
⑤ ㄱ, ㄴ, ㄷ, ㅁ

52 행정학의 패러다임에 관한 설명으로 옳은 것은? 2023 행정사

① 뉴거버넌스는 정부 내부의 관리보다는 외부 주체와의 관계를 강조한다.
② 신공공관리는 부서 간 또는 기관 간 경쟁보다 협력을 강조한다.
③ 신행정학은 행정의 능률성과 중립성을 강조한다.
④ 전통적 관료제 중심의 행정은 환경변화에 대한 유연한 적응에 유리하다.
⑤ 신공공관리의 고객은 사회적 책임의식을 갖춘 적극적 시민성을 특징으로 한다.

53 행정개혁(행정혁신)의 관점에 관한 설명으로 옳은 것은? 2018 행정사

① 신공공관리론은 사회적 자본에 기초한 시민의 집단적 역량과 참여를 강조한다.
② 뉴거버넌스 참여주체인 시민사회는 상호의존적 종속관계에 기초한 자율적 교환을 특징으로 한다.
③ 신공공서비스론은 고객으로서의 주민보다는 공론의 장에 참여하는 시민으로서의 주민을 강조한다.
④ 신공공관리론은 현대사회의 난제(wicked problems) 해결을 위해 행정부서들 또는 기관들 사이의 협력을 강조한다.
⑤ 뉴거버넌스 이론은 정부실패가 아닌 시장실패를 바로잡기 위한 처방으로 간주된다.

54 신공공서비스 행정이론에 관한 설명으로 옳은 것을 모두 고른 것은? 2022 행정사

> ㄱ. 시민을 자율적인 소비자 또는 고객으로 간주한다.
> ㄴ. 민주적 시민의식론과 조직적 인본주의를 이념으로 한다.
> ㄷ. 공공행정의 다양한 가치와 책임성 문제에 관심을 둔다.
> ㄹ. 공공서비스의 공급에 있어 합리적 선택과 방법론적 개인주의를 강조한다.

① ㄱ, ㄴ
② ㄱ, ㄷ
③ ㄴ, ㄷ
④ ㄴ, ㄹ
⑤ ㄷ, ㄹ

---

51 뉴거버넌스는 정부 외부의 시장, 시민사회가 함께 사회문제를 해결하는 것을 강조한다. 정부 내부관리에 초점을 맞춘 것은 신공공관리론에 대한 설명이다.

구분		신공공관리론	뉴거버넌스론
공통점	행정관리	산출에 대한 통제 강조	
	이념적 토대	정부실패에 대한 대응책	
	정부의 역할	방향잡기	
차이점	인식론적 기초	신자유주의	공동체주의
	관료의 역할	공공기업가	조정자
	관리가치	결과	신뢰
	조직	조직 내부	조직 간 문제
	작동원리	경쟁	협력
	관리기구	시장	네트워크
	서비스	민영화, 민간위탁	시민 및 기업의 참여를 통한 공동공급

52 ② 신공공관리는 부서 간 또는 기관 간 협력보다 경쟁을 강조한다.
③ 신행정학은 행정의 형평성을 강조하고 가치문제를 다룬다. 행정의 능률성과 중립성을 강조한 것은 행정관리론에 대한 설명이다.
④ 전통적 관료제 중심의 행정은 환경변화에 대해 유연하게 대응하기 어렵다.
⑤ 신공공관리는 고객을 수동적인 존재로 간주한다.

53 ① 뉴거버넌스론에 대한 설명이다.
② 뉴거버넌스 참여주체인 시민사회는 상호의존적 협력관계에 기초한 자율적 교환을 특징으로 한다.
④ 신공공관리론은 경쟁을 강조한다.
⑤ 신공공관리론과 뉴거버넌스론은 정부실패에 대한 처방으로 간주된다.

54 ㄱ. 신공공관리론에 대한 설명이다.
ㄹ. 공공선택론에 대한 설명이다.

Answer 51. ④ 52. ① 53. ③ 54. ③

55 신공공관리론과 뉴거버넌스론의 특징이 옳게 연결된 것을 모두 고른 것은? 2014 행정사

	구분	신공공관리론	뉴거버넌스론
ㄱ	인식론적 기초	신자유주의	공동체주의
ㄴ	관리가치	신뢰	결과
ㄷ	작동원리	경쟁	협력
ㄹ	관료역할	조정자	공공기업가
ㅁ	서비스	민영화, 민간위탁	시민 및 기업의 참여를 통한 공동공급

① ㄱ, ㄴ, ㄷ
② ㄱ, ㄴ, ㄹ
③ ㄱ, ㄷ, ㅁ
④ ㄴ, ㄹ, ㅁ
⑤ ㄷ, ㄹ, ㅁ

56 신공공서비스론에 관한 설명으로 옳은 것은? 2021 행정사

① 행정의 민주성보다는 시장논리에 따라 생산성이나 효율성을 강조한다.
② 관료는 사회문제를 해결하는 과정에서 협상과 중재 기능을 담당한다.
③ 공익을 행정활동으로 생성되는 부산물로 간주한다.
④ 기업가적 목표달성을 위한 광범위한 행정재량을 인정한다.
⑤ 상명하복하는 관료적 조직구조와 고객에 대한 규제와 통제를 선호한다.

57 신공공서비스론에 관한 설명으로 옳은 것은? 2019 행정사

① 정부의 역할을 '노젓기'보다는 '방향잡기'로 규정한다.
② 관료는 사회문제를 해결하는 과정에서 협상과 중재 기능을 담당한다.
③ 공익을 행정활동으로 생성되는 부산물로 간주한다.
④ 정부관료제에 경쟁 원리를 도입하여 개혁할 것을 강조한다.
⑤ 기업가적 목표달성을 위하여 폭넓은 행정재량을 허용한다.

55 ㄴ, ㄹ은 신공공관리론과 뉴거버넌스론의 특징이 바뀌어 있다.

56 ① 효율성을 강조하는 것은 신공공관리론이고 신공공서비스론은 행정의 민주성을 강조한다.
③ 신공공서비스론에서 공익은 공동의 가치에 대한 담론의 결과로 본다.
④ 기업가적 목표달성을 위한 광범위한 행정재량을 인정하는 것은 신공공관리론에 대한 설명이다. 신공공서비스론에서는 재량이 필요하지만 제약과 책임이 수반된다.
⑤ 신공공서비스론에서 기대하는 조직구조는 리더십을 공유하는 협동적 조직구조이고, 상명하복하는 관료적 조직구조와 고객에 대한 규제와 통제를 선호하는 것은 전통행정이론에 대한 설명이다.

※ 신공공서비스론의 일곱 가지 원칙

> 1. 고객이 아닌 시민에게 봉사(Serve Citizens, Not Customers)
>   관료들은 시민들을 단순히 고객으로 대하는 것이 아니라 시민들의 요구를 달성하는 것에 집중해야 한다.
> 2. 목표로서 공익(Seek the Public Interest)
>   공익은 행정의 부산물이 아닌 목적으로서 공동의 가치에 대한 담론의 결과(아이디어가 다수의 공감을 얻는 설득과 소통의 과정을 말한다)로 보았다. 이 과정에서 시민들의 공유된 가치(Shared Interests)를 관료가 협상하고 중재해야 한다.
> 3. 기업가 정신보다 시민의식을 중시(Value Citizenship Over Entrepreneurship)
>   관료는 기업가처럼 행동하기보다는 민주적 통치와 시민참여를 강화하는 데 집중해야 한다.
> 4. 전략적 사고와 민주적 행동(Think Strategically, Act Democratically)
>   정부 정책은 효과적이면서도 시민들의 요구를 반영해야 하는데, 이는 집합적 노력(Collective Efforts)과 협력적 과정(Collaborative Process)을 통해 수립되어야 한다.
> 5. 책임이 단순하지 않음을 인식(Recognize that Accountability isn't simple)
>   단순히 결과에 대한 책임만이 아니라 법(Constitutional Law), 공동체 가치(Community Values), 정치적 규범(Political Norms), 전문적 기준(Professional Standards), 시민 이익(Citizen Interests) 등 다면적 책임을 강조한다.
> 6. 방향 잡기보다는 봉사(Serve Rather Than Steer)
>   정부는 사회를 통제하거나 방향 잡기보다는 시민들이 공유된 가치를 달성하도록 도와주는 것이다.
> 7. 단순히 생산성이 아닌 인간 존중(Value People, Not Just Productivity)
>   공공조직은 협력과 공유된 리더십(Shared Leadership)을 통해 운영될 때 장기적으로 성공할 수 있다.

57 ① 신공공서비스론에서 정부의 역할은 '봉사'이다. '노젓기'는 전통적 정부, '방향잡기'는 신공공관리론과 뉴거버넌스론에서 정부의 역할이다.
③ 신공공서비스론에서 공익은 공동의 가치에 대한 담론의 결과로 본다.
④, ⑤ 신공공관리론에 대한 설명이다.

Answer 55. ③ 56. ② 57. ②

58 다음에서 설명하는 피터스(Peters)의 거버넌스 정부개혁모형은? 2017 행정사

> 정부관료제가 공공봉사 의지를 지닌 대규모의 헌신적인 구성원으로 구성되어 있다는 것을 전제하여, 정부의 내부규제가 제거되거나 축소되면 정부관료제가 훨씬 역동적이고 효율적으로 기능할 것이라고 가정한다.

① 시장 모형(market model)
② 참여 모형(participatory model)
③ 유연 모형(flexible model)
④ 저통제 모형(deregulation model)
⑤ 기업가적 모형(entrepreneurial model)

59 우리나라의 행정개혁에 관한 설명으로 옳지 않은 것은? 2021 행정사

① 제2공화국에서는 경찰중립화를 위해 공안위원회와 감찰위원회가 구성·운영되었다.
② 제3공화국의 행정개혁은 행정개혁조사위원회에 의해 추진되었다.
③ 제4공화국의 행정개혁은 서정쇄신운동의 일환으로 전개되었다.
④ 김영삼 정부에서는 행정절차법과 공공기관의 정보공개에 관한 법률을 제정해 행정의 투명성을 제고하고자 하였다.
⑤ 김대중 정부에서는 행정개혁을 위해 정부혁신추진위원회를 설치하였다.

60 신공공관리의 시장성 테스트에 관한 설명으로 옳지 않은 것은? 2025 행정사

① 1990년대의 영국 행정개혁 일환으로 시행되었다.

② 특정 공공업무의 처리방식을 선택하기 위한 사전 검증절차이다.

③ 정부가 수행하더라도 시장성이 강하면 책임운영기관 형태로, 약하면 공기업 형태로 운영하는 것이 바람직하다.

④ 시장성 테스트는 내부시장화 또는 민간화 등 다양한 서비스 제공방식을 제시한다.

⑤ 시장성 테스트의 적합한 공공업무는 급속한 시장변화 속에 있는 업무를 포함한다.

58 전통적 정부는 정부 관료를 통제하기 위한 내부 규제(Internal regulation)를 강화하였다. 탈규제적 정부 모형(저통제 모형)은 관료에 대한 행동 제약이 제거된다면 효과적인 업무 수행이 가능하다고 보았다.

※ 피터스(B. Guy. Peters)의 정부개혁모형

구분	전통적 정부	피터스의 정부개혁모형			
		시장적 정부모형	참여적 정부모형	신축적 정부모형	탈규제적 정부모형
문제진단 기준	전근대적인 권위	독점적 공급	계층제	영속성	내부규제
구조개혁 방안	계층제	분권화	평면조직	가상조직	—
관리개혁 방안	직업공무원제, 절차적 통제	성과금, 민간부분의 기법 도입	총품질관리, 팀제	가변적 인사관리	관리 재량권 확대
정책결정 개혁방안	정치·행정 구분	내부시장, 시장적 유인	협의, 협상	실험	기업가적 정부
평가기준 (공익의 기준)	안정성, 평등	저비용	참여, 협의	저비용, 조정	창의성·행동주의

59 제2공화국 시기는 1960. 8. 19.~1961. 5. 16.이다. 감찰위원회는 1948년에 신설되어 1955년에 폐지되었다가 1961년 1월14일 재건되었기 때문에 감찰위원회는 제2공화국 시기에 구성된 것은 맞지만, 경찰중립화가 아닌 행정기관의 사무와 공무원의 비위 조사를 관장하였던 중앙행정기관이다.

60 ③ 정부가 수행하더라도 시장성이 강하면 공기업 형태로, 약하면 책임운영기관 형태로 운영하는 것이 바람직하다.

Answer 58. ④ 59. ① 60. ③

61 넥스트 스텝(Next Steps)을 통해 책임운영기관 제도를 도입하고, 공공서비스의 질 향상을 위해 시민헌장제, 의무경쟁입찰제, 시장성테스트 등의 개혁 조치를 추진한 국가는? 2023 행정사

① 영국
② 일본
③ 뉴질랜드
④ 미국
⑤ 독일

62 미국의 행정개혁과 관련하여 (   ) 안에 들어갈 것으로 알맞은 것은? 2015 행정사

> (   )에서 제안한 정부재창조의 기본원칙은 관료적 문서주의(red tape) 제거,고객우선주의, 성과산출을 위한 권한 위임, 기본 원칙으로의 복귀 등이다.

① 시장성 테스트(Market Testing)
② 넥스트 스텝(Next Steps)
③ 국정성과팀(National Performance Review)
④ 클리블랜드위원회(Cleveland Committee)
⑤ 브라운로위원회(Brownlow Commission)

제17절 행정학의 접근방법

63 행정학의 행태론적 접근방법의 특징으로 옳지 않은 것은? 2023 행정사

① 종합학문적 접근방법
② 일반 법칙성 추구
③ 환경과의 상호작용을 통한 진화과정 강조
④ 조직구조보다는 인간 중심의 접근
⑤ 가치중립적 접근의 강조

64 다음 지문에서 설명하는 행정 이론은? 2013 행정사

> 인간행위를 연구대상으로 정립했으며 행정연구에 과학주의를 도입하여 가치중립적인 객관적 분석을 가능하게 하였다. 그러나 이 이론은 과학적·계량적 연구방법론의 강조로 연구대상과 범위의 제한을 가져왔다는 비판을 받고 있다.

① 과학적 관리론
② 인간관계론
③ 행정체제이론
④ 신공공서비스론
⑤ 행정행태론

---

61 영국은 1980년대부터 시장지향적 정부개혁의 일환으로 넥스트 스텝 프로그램, 시장성테스트 등의 개혁을 추진하였다.

62 문제의 내용은 클린턴 행정부에서 추진했던 국정성과팀에 대한 내용이다.
① 시장성 테스트, ② 넥스트 스텝 : 영국의 신공공관리론적 행정개혁의 일환으로 도입되었다.
④ 클리블랜드위원회 : 1910년 설립된 '절약과 능률에 관한 대통령위원회'는 클리블랜드위원회로 불리기도 했다.
⑤ 브라운로위원회 : 1930년대 대공황을 극복하기 위하여 대통령의 역할과 권한 확대가 필요했고, 이를 뒷받침하기 위하여 브라운로위원회가 설치·운영되었다.

63 ③ 조직군 생태론에 대한 설명이다.

64 ① 과학적 관리론 : 테일러의 조직 하위계층의 능률적 업무수행과 관련된 연구이다.
② 인간관계론 : 조직 내 인간적·사회적 측면을 강조하며, 조직의 생산성에 대해 구성원들 간의 사회적 관계의 중요성을 확인하였다.
③ 행정체제이론 : 환경을 포함한 거시적인 접근방법이다.
④ 신공공서비스론 : 덴하트가 신공공관리론적 정부혁신의 한계점을 지적하면서 등장하였다.

Answer　61. ①　62. ③　63. ③　64. ⑤

65 행정현상에 대한 접근방법의 설명으로 옳은 것은? 2018 행정사

① 행태론적 접근방법은 행정현상에 관한 이론의 맥락성과 상대성을 강조한다.
② 체제론적 접근방법은 현상의 전체성보다는 구성부분 사이의 일방적 · 선형적 인과관계를 강조한다.
③ 사회학적 신제도주의는 제도가 국가나 조직의 경계를 넘어 유사한 형태로 수렴된다고 본다.
④ 전통적인 법적 · 제도적 접근방법은 제도가 일단 형성되면 일정한 경로를 유지하기 때문에 환경변화에 적응하지 못하는 점을 강조한다.
⑤ 합리적 선택 신제도주의에서는 제도를 개인의 합리적 선택의 일방적 결정요인으로 간주한다.

66 행정학의 주요이론과 접근방법에 관한 설명으로 옳은 것은? 2016 행정사

① 생태론적 접근방법은 행정의 가치지향성과 기술성을 중시하며, 시장원리에 입각한 공공관리에 초점을 둔다.
② 행태론적 접근방법은 행정현상을 자연 · 사회 · 문화적 환경과 관련시켜 설명한다.
③ 신행정론은 고객 중심의 행정, 사회적 형평성 등을 강조한다.
④ 체제론적 접근방법은 행정과 환경의 상호작용을 중시하고, 선진국보다 개발도상국의 행정현상을 설명하는 데 유용하다.
⑤ 신공공관리론은 상호 신뢰에 기반한 조정과 협조를 강조하지만, 뉴거버넌스론(New Governance)은 상호 경쟁의 원리를 중시한다.

67 행정학의 접근방법 중 포스트모더니즘의 특성이 아닌 것은? 2017 행정사

① 상상(imagination)
② 탈영역화(deterritorialization)
③ 은유(metaphor)
④ 과학주의(scientism)
⑤ 해체(deconstruction)

68 **행정학의 접근방법에 관한 설명으로 옳은 것은?** 2025 행정사

① 신제도주의 접근방법은 검증된 이론의 일반 법칙성을 추구한다.

② 체제론적 접근방법은 현상을 설명하는 데 전체성보다 부분의 중요성을 강조한다.

③ 역사적 제도주의는 국가나 조직의 경계를 넘어 제도가 서로 닮아가는 것을 강조한다.

④ 공공선택이론은 합리적 선택이론에 제도의 역할을 접목해서 공공부문에까지 확대 적용한다.

⑤ 행태론적 접근방법은 이상적인 제도를 법제화하면 안정적인 사회질서가 유지된다는 가정에 기초한다.

---

65 ① 포스트모더니즘에 대한 설명이다.
② 체제론적 접근방법은 현상의 전체성을 강조한다.
④ 경로의존성은 역사적 신제도주의에 대한 설명이다.
⑤ 합리적 선택 신제도주의는 제도가 개인의 합리적 선택이고, 제도는 합리적 행위자의 이기적 행태를 제약한다고 본다.

66 ① 생태론적 접근방법은 환경결정론적 관점으로 행정이 행정이 추구해야 할 목표나 방향을 제시하지 못하였다. 시장원리에 입각한 공공관리는 신공공관리론에 대한 설명이다.
② 생태론적 접근방법에 대한 설명이다.
④ 선진국보다 개발도상국의 행정현상을 설명하는 데 유용한 것은 생태론적 접근방법이다.
⑤ 뉴거버넌스론(New Governance)은 상호 신뢰에 기반한 조정과 협조를 강조하지만, 신공공관리론은 상호 경쟁의 원리를 중시한다.

67 행정학의 포스트모더니즘적 접근[파머(Farmer)]은 과학주의와 기술주의의 한계와 부작용을 비판하고, 거시이론·거시정치 등을 부정한다.

※ **포스트모더니즘의 특징**
• 상상 : 상상이 과학적 합리성보다 더 중요
• 해체 : '행정은 객관적으로 연구될 수 있다'는 설화를 해체
• 영역해체 : 탈영역화
• 타자성 : 도덕적인 타자로 인정

68 ① 이론의 일반 법칙성을 추구한 것은 행태주의에 대한 설명이다. 신제도주의는 각 국가의 제도나 정책의 특성이 국가 간 제도의 차이 때문에 발생한다고 보았다.
② 체제론적 접근방법은 현상을 설명하는 데 부분보다 전체성의 중요성을 강조한다.
③ 사회학적 제도주의는 국가나 조직의 경계를 넘어 제도가 서로 닮아가는 것을 강조한다. 역사적 제도주의는 제도의 특수성을 강조한다.
⑤ 제도적 접근방법은 이상적인 제도를 법제화하면 안정적인 사회질서가 유지된다는 가정에 기초한다. 행태론적 접근법은 행정인의 행동과 태도의 과학적인 연구를 강조한다.

Answer   65. ③   66. ③   67. ④   68. ④

69 신제도주의에 관한 설명으로 옳은 것은? 2023 행정사

① 합리적 선택 제도주의는 개인의 표준화된 행동 코드로서 제도의 준수를 통한 소속감을 강조한다.

② 역사적 제도주의는 서로 다른 국가들 사이의 제도가 유사해지는 현상을 설명하는 데 유리하다.

③ 사회학적 제도주의는 동일한 상황에서 국가 간의 상이한 제도로 인해 서로 다른 정책이 채택되고 효과도 다르게 나타나는 현상을 강조한다.

④ 사회학적 제도주의는 개인에 대한 가정에 기초한 미시적·연역적 방법에 주로 의존한다.

⑤ 합리적 선택 제도주의의 연장선상에서 오스트롬(E. Ostrom)은 '공유재의 비극'의 해결 방안으로 공동체 중심의 자치제도를 제시한다.

70 신제도주의에 관한 설명으로 옳지 않은 것은? 2019 행정사

① 사람의 행태에 대한 연구에서 제도를 중요시한다.

② 사회학적 제도주의는 제도의 범위에 관습과 문화도 포함한다.

③ 공공선택론은 합리적 선택 제도주의의 대표적 이론 중 하나이다.

④ 역사적 제도주의는 각국 정책의 상이성과 효과를 역사적으로 형성된 각국의 제도에서 찾는다.

⑤ 정책 또는 행정환경은 내생변수가 아닌 외생변수로 다룬다.

71 행정학의 주요 이론에 관한 내용으로 옳지 않은 것은? 2022 행정사

① 신제도주의론은 공식적 제도나 구조는 물론 비공식적 제도와 규범도 중요하게 강조한다.

② 행태주의 행정연구는 가치와 사실문제를 엄격하게 구분하고 자유와 평등의 가치를 연구대상에서 제외한다.

③ 체제이론은 행정현상을 여러 변수 중에서 환경을 포함해 거시적으로 접근한다.

④ 인간관계론은 조직목표 달성을 위해 생산성과 능률성에 기반을 둔 금전적 보상과 경제적 인간관을 강조한다.

⑤ 신행정학 이론은 참여와 형평의 가치를 중심으로 현실문제의 처방적 연구를 중시한다.

72 행정학의 주요 접근방법과 그 내용을 연결한 것으로 옳지 않은 것은? ^{2013 행정사}

① 뉴거버넌스론 – 로즈(R. A. W. Rhodes) – 민관협력 네트워크
② 생태론 – 리그스(F. W. Riggs) – 행정체제의 개방성
③ 공공선택론 – 오스트롬(V. Ostrom) – 정치경제학적 연구
④ 후기행태주의 – 이스턴(D. Easton) – 가치중립적 · 과학적 연구 강조
⑤ 신공공관리론 – 오스본(D. Osborne)과 게블러(T. Gaebler) – 기업가적 정부

제18절 합리적 선택이론

73 공공선택이론의 기본가정 및 특징으로 옳지 않은 것은? ^{2025 행정사}

① 방법론적 개인주의　　　② 합리적 이기주의
③ 집합적 결정 중시　　　④ 제도적 장치의 마련
⑤ 단일 조직장치 강조

69　① 사회학적 제도주의에 대한 설명이다.
　② 사회학적 제도주의에 대한 설명이다. 역사적 제도주의는 국가들 사이의 제도의 차이점을 설명한다.
　③ 역사적 제도주의에 대한 설명이다.
　④ 합리적 선택 제도주의에 대한 설명이다.

70　⑤ 정책 또는 행정환경은 외생변수가 아닌 내생변수로 다룬다.

71　④ 과학적 관리론에 대한 설명이다. 인간관계론은 조직목표 달성을 위해 사회적 욕구충족과 사회적 인간관을 강조한다.

72　④ 후기행태주의를 대표하는 이스턴(D. Easton)은 가치중립적 · 과학적 연구를 강조했던 행태주의를 비판하였다.

73　공공서비스를 독점적으로 공급하는 전통적인 정부 관료제는 시민의 요구에 민감하게 반응할 수 없는 제도적 장치라 비판하였다. 공공서비스가 권한이 분산된 여러 작은 조직들에 의해 경쟁적으로 생산 · 공급되면, 시민 개개인의 선호에 따라 선택할 수 있고, 행정의 대응성 향상 및 민주행정 구현에도 의의가 있다.

Answer　69. ⑤　70. ⑤　71. ④　72. ④　73. ⑤

74 다음 내용과 밀접한 관련이 있는 이론은? 2020 행정사

> • 관료의 사익추구
> • 지대추구행위
> • 예산극대화
> • 정치·행정 현상의 경제학적 분석

① 체제이론
② 거버넌스이론
③ 신행정학이론
④ 공공선택이론
⑤ 포스트모더니즘이론

75 다음 가정을 기본전제로 하는 이론은? 2018 행정사

> • 한 국가는 수많은 지방정부들로 구성되어 있다.
> • 각 지방정부는 주민들의 의사에 따라 지출과 조세에 대한 의사결정을 할 수 있다.
> • 개인들은 비용을 들이지 않고 자유롭게 지역 간 이주가 가능하다.

① 발에 의한 투표(voting with feet)
② 딜론의 원칙(Dillon's rule)
③ 보충성의 원칙(subsidiary principle)
④ 쿨리 독트린(Cooley doctrine)
⑤ 파킨슨 법칙(Parkinson's law)

76 주인-대리인 이론(principal-agent theory)에 관한 설명으로 옳은 것을 모두 고른 것은?
2018 행정사

> ㄱ. 주인과 대리인 간 정보의 대칭성을 가정한다.
> ㄴ. 주인과 대리인의 관계에 관한 경제학적 모형에 근거한 이론이다.
> ㄷ. 대리인의 도덕적 해이(moral hazard) 현상을 설명하는 데 유용하다.
> ㄹ. 주인과 대리인의 상충적 이해관계로 대리손실(agency loss)이 발생한다.

① ㄱ, ㄴ
② ㄷ, ㄹ
③ ㄱ, ㄴ, ㄷ
④ ㄱ, ㄷ, ㄹ
⑤ ㄴ, ㄷ, ㄹ

77 **공공선택이론에 관하여 설명한 것은?** 2015 행정사

① 행정현상을 자연·사회·문화적 환경과 관련시켜 이해하며 집합적 행위나 제도를 거시적 수준에서 분석한다.

② 공공서비스의 효율적 공급을 위해 공공부문의 시장경제화를 추구하며 정치 및 행정현상에 경제학적 분석도구를 적용하여 설명한다.

③ 인간의 주관적 관념, 의식 및 동기의 의미를 이해하는 데에 초점을 맞추어 조직문제에 대한 폭넓은 사고방식과 준거의 틀을 정립한다.

④ 정책결정자가 대안들의 표면화된 가치를 비교할 수 없어 선택이 어려운 상황에서 행하는 의사결정 방법과 전략을 탐구한다.

⑤ 공공서비스 전달 및 공공문제 해결과정에서 정부와 민간부문 간의 협력적 네트워크를 적극 활용한다.

74 공공선택이론은 합리적 선택 제도주의를 공공부문까지 확대 적용한 이론이다.

75 제시된 내용은 티부(Tiebout)의 발로 하는 투표에 대한 설명이다.
② 딜론의 원칙(Dillon's rule)은 지방정부는 주정부의 피조물로서 명시적으로 위임된 사항에 대해서만 권한을 가진다는 것이다.
③ 보충성의 원칙(subsidiary principle)은 기초지방자치단체가 처리하기 곤란한 사무는 광역지방자치단체가, 광역지방자치단체가 처리하기 곤란한 사무는 중앙정부가 처리하는 것을 의미한다.
④ 쿨리 독트린(Cooley doctrine)은 지방정부의 자치권은 절대적인 것이며, 주는 이를 앗아갈 수 없다는 것이다.
⑤ 파킨슨 법칙(Parkinson's law)은 공무원의 수가 해야 할 업무에 관계없이 일정 비율로 증가하는 현상을 의미한다.

76 ㄱ. 주인과 대리인 간 정보의 '비대칭성'을 가정한다.

77 ① 생태론에 대한 설명이다.
③ 현상학적 접근에 대한 설명이다.
④ 불확실성하에서 의사결정에 대한 설명이다.
⑤ 거버넌스론에 대한 설명이다.

Answer   74. ④   75. ①   76. ⑤   77. ②

제19절 정보화 사회 및 지식관리

78 지식행정에 관한 설명으로 옳은 것은? 2023 행정사

① 행정지식은 구조적이고 단기간에 창출되기 때문에 관리에 많은 시간과 자원이 소요되지 않는다.

② 지식은 정보와 동일하므로 지식행정은 정보행정과 동일한 수준의 활동이다.

③ 지식행정은 행정활동의 프로세스 개선과 무관하다.

④ 지식행정은 지식사회를 설계하고 지식관리를 통해 가치를 창출하고 극대화하는 것을 의미한다.

⑤ 지식행정은 문제 해결 및 사회변화 예견을 위해 정보관리기술에 의존하지 않는다.

제20절 전자정부

79 우리나라 스마트 전자정부의 비전에 관한 설명으로 옳지 않은 것은? 2024 행정사

① 국민이 직접 증명하는 공급자 중심의 획일적인 서비스를 극대화하는 정부이다.

② 부처 간 장벽이 없는 네트워크를 통해 서비스 연계·통합이 가능한 정부이다.

③ 모바일 기기 등으로 어디서나 편리한 서비스를 제공하는 정부이다.

④ 국민의 수요에 실시간으로 반응하는 서비스를 제공하는 정부이다.

⑤ 참여·소통으로 수요자가 원하는 서비스와 정보를 제공하는 정부이다.

80 전자정부와 공공행정의 변화에 관한 설명으로 옳지 않은 것은? 2022 행정사

① 전자정부 발전으로 인한 정보화의 역기능은 사회적 질서와 안전을 위협하는 디지털 위험으로 진행될 수 있다.

② 일반적으로 정보는 공공재 성격이 강하기 때문에 행정정보의 비대칭성 문제는 해소 내지 완화되어야 하는 것이 바람직하다.

③ 정부의 맞춤형 전자서비스와 빅데이터 산업 고도화 차원에서 개인정보의 행정기관 간 공동 활용은 중요하다.

④ 전자정부 서비스는 이용자들의 거래비용과 기회비용 및 민원업무 감소에 기여한다.

⑤ 전자정부의 발달에 의한 공공데이터 개방은 행정정보의 독점적 소유를 촉진시키고 있다.

81 전자정부와 행정의 변화에 관한 설명으로 옳은 것은? 2020 행정사

① 정보행정은 정보기술을 활용하여 수요자 중심으로 행정서비스를 개선한다.
② 전자정부는 단순히 정보기술에 의하여 정부의 업무처리 방식만을 변화시킨다.
③ 정보정책은 행정업무를 전자화하는 것으로 행정업무처리 재설계와는 관계가 없다.
④ 전자정부는 정보기술을 활용하여 업무처리 전반을 혁신시켜야 하기 때문에 실무보다는 이론이 강조되는 분야이다.
⑤ 전자정부는 행정부문에 정보기술의 도입 및 활용에 초점을 두기보다 정보기술 그 자체를 연구의 대상으로 한다.

82 우리나라 전자정부에 관한 설명으로 옳지 않은 것은? 2019 행정사

① 수요자 중심보다는 공급자 중심의 행정서비스를 강조한다.
② 정부의 정책과정과 업무절차에 대한 투명성과 접근성을 높인다.
③ 국민과의 소통과 협력을 확대하고, 24시간 행정서비스를 제공한다.
④ 스마트워크센터를 통해 시·공간 제약 없이 유연한 근무를 가능하게 한다.
⑤ 인터넷이나 DB기술 활용을 통해 부서 간 효율적인 정보교류가 가능하다.

---

78 ④ 정보(information)는 데이터에 인간이 판단할 수 있는 의미를 부여한 것으로, 예컨대 연봉, 근로조건, 근무지 등의 데이터를 종합하면 '취업 정보'에 해당한다. 지식(knowledge)은 정보를 인식하며 이해하며 판단하는 능력이다. 취업 정보를 바탕으로 나에게 좋은 일자리인지 여부를 판단할 수 있는 능력이 지식이다.
① 행정지식 창출에는 장시간이 소요되며 관리에 많은 시간과 자원이 소요된다.
② 지식과 정보는 동일하지 않다.
③ 지식행정은 행정활동의 프로세스 개선에 기여한다.
⑤ 지식행정은 정보관리기술을 기반으로 한다.

79 ① 스마트 전자정부는 국민 중심의 맞춤형 서비스를 극대화하는 정부이다.

80 ⑤ 전자정부의 발달에 의한 공공데이터 개방은 행정정보의 공유를 촉진한다.

81 ① 우리나라 전자정부법에 따르면 전자정부란 정보기술을 활용하여 행정기관 및 공공기관의 업무를 전자화하여 행정기관 등의 상호 간의 행정업무 및 국민에 대한 행정업무를 효율적으로 수행하는 정부이다.
②, ③ 업무처리 방식뿐만 아니라 원스톱(또는 논스톱)·수요자 중심·맞춤형 행정서비스 제공을 지향한다.
④ 이론뿐만 아니라 실무도 중요하다.
⑤ 전자정부는 행정부문에 정보기술의 도입 및 활용에 초점을 둔다.

82 ① 전자정부는 공급자 중심보다는 수요자 중심의 행정서비스를 강조한다.

Answer　　78. ④　　79. ①　　80. ⑤　　81. ①　　82. ①

83 전자정부의 주요 특징에 관한 설명으로 옳지 않은 것은? 2018 행정사

① 시민이나 민간조직 등과의 네트워크를 통해 폭 넓은 거버넌스를 구축한다.

② 수요자 중심보다는 공급자 중심의 행정서비스를 강조하는 열린 정부이다.

③ 정부의 정책과정에 대한 국민의 참여와 보편적 접근을 제고한다.

④ 행정업무 절차의 전산화가 항상 행정의 생산성을 보장해주는 것은 아니다.

⑤ 시민 개개인의 프라이버시를 존중하고 보호하기 위해 노력한다.

84 전자정부에 관한 설명으로 옳은 것을 모두 고른 것은? 2017 행정사

> ㄱ. 전자정부는 정보통신기술을 활용하여 효율적인 행정, 질 높은 대민서비스, 투명하고 민주적인 정부를 구현하는 실천적인 수단이다.
> ㄴ. 우리나라 전자정부시스템에는 '정부민원포털(민원24)', '국가종합전자조달시스템(나라장터)', '전자통관시스템(UNI-PASS)' 등이 있다.
> ㄷ. 스마트워크센터는 출장지 등 원격지에서 업무가 가능하도록 정보통신기술기반의 원격업무시스템을 갖춘 사무공간을 말한다.
> ㄹ. 행정기관 등의 장은 원격지 간 업무수행을 할 때에는 온라인 영상회의를 우선적으로 활용하도록 노력하여야 한다.

① ㄱ, ㄴ

② ㄷ, ㄹ

③ ㄱ, ㄴ, ㄷ

④ ㄴ, ㄷ, ㄹ

⑤ ㄱ, ㄴ, ㄷ, ㄹ

85 전자정부법상 (ㄱ)과 (ㄴ)에 들어갈 용어로 옳은 것은? 2021 행정사

- (ㄱ)(이)란 행정기관 등이 보유하고 있는 행정정보, 전자적 수단에 의하여 행정정보의 수집·가공·검색을 하기 쉽게 구축한 정보시스템, 정보시스템의 구축에 적용되는 정보기술, 정보화예산 및 정보화인력 등을 말한다.
- (ㄴ)(이)란 전기통신기본법 제2조 제2호에 따른 전기통신설비를 활용하거나 전기통신설비와 컴퓨터 및 컴퓨터 이용기술을 활용하여 정보를 수집·가공·저장·검색·송신 또는 수신하는 정보통신체제를 말한다.

※ 전기통신기본법 제2조 제2호에 따른 전기통신설비라 함은 전기통신을 하기 위한기계·기구·선로 기타 전기통신에 필요한 설비를 말한다.

① ㄱ: 정보자원　ㄴ: 정보통신망
② ㄱ: 정보자원　ㄴ: 정보기술아키텍처
③ ㄱ: 정보시스템감리　ㄴ: 정보통신망
④ ㄱ: 정보시스템감리　ㄴ: 정보기술아키텍처
⑤ ㄱ: 정보기술아키텍처　ㄴ: 정보통신망

---

83 ② 공급자 중심보다는 수요자 중심의 행정서비스를 강조하는 열린 정부이다.

84 **전자정부법 제32조(전자적 업무수행 등)** ① 행정기관 등의 장은 행정업무를 수행할 때 정보통신망을 이용한 온라인 영상회의 방식을 활용할 수 있다. 이 경우 행정기관 등의 장은 원격지(遠隔地) 간 업무수행을 할 때에는 온라인 영상회의를 우선적으로 활용하도록 노력하여야 한다.

85 **전자정부법 제2조(정의)** 이 법에서 사용하는 용어의 뜻은 다음과 같다.
10. "정보통신망"이란 「전기통신기본법」 제2조 제2호에 따른 전기통신설비를 활용하거나 전기통신설비와 컴퓨터 및 컴퓨터 이용기술을 활용하여 정보를 수집·가공·저장·검색·송신 또는 수신하는 정보통신체제를 말한다.
11. "정보자원"이란 행정기관등이 보유하거나 이용하는 다음 각 목의 자원을 말한다. 다만, 이용하는 경우에는 나목부터 라목까지에 한정한다.
　가. 행정정보
　나. 정보시스템
　다. 정보시스템의 구축에 적용되는 정보기술
　라. 정보시스템의 운영에 필요한 건축물 및 건축설비(이하 "정보시스템 운영시설"이라 한다)
　마. 정보화 예산
　바. 정보화 인력
12. "정보기술아키텍처"란 일정한 기준과 절차에 따라 업무, 응용, 데이터, 기술, 보안 등 조직 전체의 구성요소들을 통합적으로 분석한 뒤 이들 간의 관계를 구조적으로 정리한 체제 및 이를 바탕으로 정보화 등을 통하여 구성요소들을 최적화하기 위한 방법을 말한다.
14. "정보시스템 감리"란 감리발주자 및 피감리인의 이해관계로부터 독립된 자가 정보시스템의 효율성을 향상시키고 안전성을 확보하기 위하여 제3자의 관점에서 정보시스템의 구축 및 운영 등에 관한 사항을 종합적으로 점검하고 문제점을 개선하도록 하는 것을 말한다.

Answer　83. ②　84. ⑤　85. ①

86 전자정부에 관한 설명으로 옳지 않은 것은? _{2013 행정사}

① 전자정부의 기반 기술 패러다임은 유비쿼터스 컴퓨팅과 네트워크 기술에서 모바일 기술로, 다시 모바일 기술에서 인터넷의 발전으로 진화하고 있다.

② 국민을 위해 언제 어디서나 한 번에 서비스가 제공되고 24시간 처리가 가능한 ONE STOP 전자민원서비스를 제공한다.

③ 전자정부는 정부 내 공문서나 자료가 전자적으로 처리되어 종이 없는 행정을 구현한다.

④ 행정정보가 풍부한 정보네트워크를 통해 국민과의 소통이 원활하게 되어 국민과 하나가 되는 정부를 구현하는 데 기여한다.

⑤ 전자정부는 정보공개를 촉진하며, 인터넷, 키오스크 등 다양한 매체를 활용하여 정부가 보유한 정보에 쉽게 접근할 수 있도록 하여 국민의 알권리를 충족시키는 데 기여한다.

87 전자정부법에 규정된 전자정부의 원칙으로 행정기관 등이 전자정부의 구현·운영 및발전을 추진할 때 우선적으로 고려해야 할 사항으로 옳은 것은 모두 몇 개인가? _{2015 행정사}

> • 대민서비스의 전자화 및 국민편익의 증진
> • 행정업무의 혁신 및 생산성·효율성의 향상
> • 정보시스템의 안전성·신뢰성의 확보
> • 개인정보 및 사생활의 보호
> • 행정정보의 공개 및 공동이용의 확대

① 1개　　　　　② 2개　　　　　③ 3개
④ 4개　　　　　⑤ 5개

88 정부3.0에 관한 설명으로 옳지 않은 것은? _{2016 행정사}

① 2010년 이명박 정부에서 처음 실시되었다.

② 정부와 국민 간의 양방향 소통을 중시하며, 국민에게 맞춤형서비스 제공을 목적으로 한다.

③ 인터넷, 스마트기기, 빅데이터 등 정보통신기술을 적극 활용한다.

④ 투명한 정부, 유능한 정부, 서비스 정부를 목표로 한다.

⑤ 개방, 공유, 소통, 협력을 핵심가치로 한다.

제21절 행정책임

89 행정윤리에 대한 설명으로 옳지 않은 것은?

① 제도적 책임성이란 공무원이 전문가로서의 직업윤리와 책임감에 기초해서 자발적인 재량을 발휘해 확보되는 행정책임을 의미한다.

② 행정윤리는 사익보다는 공익과 밀접한 관계가 있다.

③ 결과주의에 근거한 윤리평가는 사후적인 것이며 문제의 해결보다는 행위 혹은 그 결과에 대한 처벌에 중점을 둔다.

④ 공무원 부패의 원인을 사회문화적 접근으로 보는 관점에서는 특정한 지배적 관습이나 경험적 습성이 부패를 조장한다는 입장이다.

⑤ 파이너는 법적·제도적 외부통제를 강조하였고, 프리드리히는 내재적 통제를 강조하였다.

---

86 ① 전자정부의 기반 기술 패러다임은 인터넷의 발전에서 모바일 기술로, 다시 모바일 기술에서 유비쿼터스 컴퓨팅과 네트워크 기술로 진화하고 있다.

87

> **전자정부법 제4조(전자정부의 원칙)** ① 행정기관 등은 전자정부의 구현·운영 및 발전을 추진할 때 다음 각 호의 사항을 우선적으로 고려하고 이에 필요한 대책을 마련하여야 한다.
> 1. 대민서비스의 전자화 및 국민편익의 증진
> 2. 행정업무의 혁신 및 생산성·효율성의 향상
> 3. 정보시스템의 안전성·신뢰성의 확보
> 4. 개인정보 및 사생활의 보호
> 5. 행정정보의 공개 및 공동이용의 확대
> 6. 중복투자의 방지 및 상호운용성 증진

88 ① 정부3.0은 박근혜 정부에서 추진하였다.

89 ① 자율적 책임성에 대한 설명이다. 제도적 책임성이란 고객 만족을 위하여 성과보다는 절차에 대한 책임을 강조하고, 판단기준과 절차의 객관화, 절차의 중시 등이 특징이다.

Answer　　86. ①　　87. ⑤　　88. ①　　89. ①

제22절 행정통제

90 공식적 수단에 의한 행정통제를 모두 고른 것은? 2024 행정사

> ㄱ. 계층제를 통한 통제 ㄴ. 감사원을 통한 통제
> ㄷ. 시민과 언론을 통한 통제 ㄹ. 공익가치를 통한 통제
> ㅁ. 국무총리실을 통한 통제

① ㄱ, ㄴ ② ㄷ, ㄹ ③ ㄱ, ㄴ, ㅁ
④ ㄴ, ㄹ, ㅁ ⑤ ㄷ, ㄹ, ㅁ

91 행정통제 유형 중 외부통제에 해당하는 것은? 2022 행정사

① 대통령에 의한 통제 ② 중앙행정부처에 의한 통제
③ 감사원에 의한 통제 ④ 사법부에 의한 통제
⑤ 국무조정실에 의한 통제

92 행정통제의 유형 중 외부통제에 해당하지 않는 것은? 2021 행정사

① 입법부에 의한 통제
② 사법부에 의한 통제
③ 시민참여에 의한 통제
④ 이익집단에 의한 통제
⑤ 계층제 및 인사관리제도를 통한 통제

93 행정통제의 유형 중 내부통제로 옳은 것은? 2020 행정사

① 국민에 의한 통제 ② 이익집단에 의한 통제
③ 사법부에 의한 통제 ④ 감사원에 의한 통제
⑤ 입법부에 의한 통제

94 **공식적 수단에 의한 행정통제가 아닌 것은?** 2016 행정사

① 계층제에 의한 통제
② 입법부에 의한 통제
③ 공익가치에 의한 통제
④ 사법부에 의한 통제
⑤ 국무조정실에 의한 통제

95 **내부적 행정통제에 해당하지 않는 것은?** 2014 행정사

① 의회 옴부즈만에 의한 통제
② 계층제 및 인사관리제도를 통한 통제
③ 감사원에 의한 통제
④ 청와대 및 국무총리실에 의한 통제
⑤ 중앙행정부처에 의한 통제

90 시민과 언론을 통한 통제는 비공식적 외부통제, 공익가치를 통한 통제는 비공식적 내부통제에 해당한다.

제도화 \ 행정부	외부	내부
공식	• 입법부: 국정조사, 의회 옴부즈만 등 • 사법부 − 사후적·소극적, 합법성 강조 − 법원의 행정명령 위반여부 심사 − 헌법재판소의 권한쟁의 심판 등	청와대, 감사원의 직무감찰, 국민권익위원회, 정부업무평가(중앙행정기관장의 당해 기관에 대한 자체 평가, 국무총리실의 중앙행정기관에 대한 기관평가 등), 계층제 및 인사관리제도, 명령체계, 교차기능조직(행정안전부의 조직과 정원 통제, 기획재정부의 예산 통제 등)
비공식	시민단체(환경운동연합의 정부정책에 대한 반대 등), 정당, 이익집단 및 언론에 의한 통제(언론의 공무원 부패 보도 등)	직업윤리에 의한 통제, 동료집단의 평판

91 ④ 사법부에 의한 통제는 공식적 외부통제에 해당한다.

92 ⑤ 계층제 및 인사관리제도를 통한 통제는 공식적 내부통제에 해당한다.

93 ④ 감사원에 의한 통제는 공식적 내부통제에 해당한다.

94 ③ 공익가치(직업윤리)에 의한 통제는 비공식적 내부통제에 해당한다.

95 ① 의회 옴부즈만에 의한 통제는 공식적 외부통제에 해당한다.

Answer   90. ③   91. ④   92. ⑤   93. ④   94. ③   95. ①

96 행정통제를 크게 외부통제와 내부통제로 분류할 때 다음 중 그 분류가 다른 것은?

2013 행정사

① 사법부에 의한 통제
② 시민단체에 의한 통제
③ 감사원에 의한 통제
④ 선거권의 행사에 의한 통제
⑤ 주민참여제도에 의한 통제

제23절 옴부즈만(ombudsman) 제도

97 옴부즈만(ombudsman) 제도에 관한 설명으로 옳지 않은 것은? 2020 행정사

① 국민의 이익을 보호하려는 취지에서 1809년 스웨덴에서 시작된 행정감찰관제도이다.
② 필요한 사항을 조사해 결과를 알려주고 언론을 통해 공표하기도 한다.
③ 옴부즈만은 기능적으로 자율적이고 입법부와 행정부로부터 독립되어 있다.
④ 독립적 지위를 가진 사람이 조사를 하여 시정을 촉구하거나 건의함으로써 국민의 권리를 구제한다.
⑤ 옴부즈만과 유사한 국민권익위원회는 법원이 내린 결정 처분에 대해 시정조치, 권고, 취소를 결정한다.

98 옴부즈만(ombudsman) 제도에 관한 설명으로 옳지 않은 것은? 2015 행정사

① 문제해결을 위한 처리과정에 시간이 많이 걸린다.
② 행정권의 남용이나 부당행위로 국민의 권리가 침해되었을 때 구제하는 것을 목적으로 한다.
③ 일반적으로 시민의 고발에 의하여 활동을 개시하지만 자기 직권으로 조사활동을 하기도 한다.
④ 우리나라의 국민권익위원회는 옴부즈만 제도와 유사하다고 볼 수 있다.
⑤ 스웨덴에서 처음 시행된 이후 현재 유럽을 비롯한 많은 나라에서 활용되고 있는 행정통제 수단이다.

99 우리나라의 국민권익위원회에 관한 설명으로 옳지 않은 것은? 2018 행정사

① 국무총리 소속으로 설치되어 있으며, 옴부즈만의 일종으로 간주되기도 한다.

② 권고, 의견 표명, 감사 의뢰 등을 할 수 있다.

③ 고충민원의 처리와 그에 관련된 불합리한 행정제도의 개선을 목적으로 한다.

④ 국민권익위원회는 소관 업무의 원활한 수행을 위하여 직속기관으로 시민고충처리위원회를 둔다.

⑤ 국민권익위원회는 중앙행정심판위원회의 운영에 관한 업무를 수행한다.

100 국민권익위원회에 관한 설명으로 옳지 않은 것은? 2013 행정사

① 국무총리 소속 기관이다.

② 국민권익위원회 위원의 임기는 3년이며, 연임할 수 없다.

③ 국민권익위원회 위원은 재직 중 지방의회의원직을 겸직할 수 없다.

④ 고충민원의 조사와 처리 및 이와 관련된 시정권고 업무를 수행한다.

⑤ 정당의 당원은 국민권익위원회 위원이 될 수 없다.

96 ③ 감사원에 의한 통제는 내부통제에 해당한다.

97 ⑤ 국민권익위원회는 행정기관이 내린 처분에 대해 강제력이 없는 시정권고·의견표명·공표·보고·권유·설득을 사용한다.

98 ① 옴부즈만 제도는 문제를 신속하고 간편하게 처리할 수 있다.

99 ④ 시민고충처리위원회는 지방자치단체에 둔다.

> 부패방지 및 국민권익위원회의 설치와 운영에 관한 법률 제32조(시민고충처리위원회의 설치) ① 지방자치단체 및 그 소속 기관에 관한 고충민원의 처리와 행정제도의 개선 등을 위하여 각 지방자치단체에 시민고충처리위원회를 둘 수 있다.

100 ② 국민권익위원회 위원의 임기는 3년이며, 1차례 연임 가능하다.

Answer 96. ③ 97. ⑤ 98. ① 99. ④ 100. ②

★

Chapter

02

정책

제1절 정책 개요

01 관리과학에 관한 설명으로 옳은 것은? 2025 행정사

① 정책이 내포하는 목적가치를 중요시한다.
② 자원과 비용의 사회적 배분을 고려한다.
③ 질적 분석을 중요시한다.
④ 정치적 요인을 고려한다.
⑤ 계량적 분석에 입각하여 처방을 제시한다.

02 정책의 기능과 유형에 관한 설명으로 옳지 않은 것은? 2020 행정사

① 정책은 정치적·행정적 과정으로서 단순하고 정태적 과정을 거친다.
② 정책 자체가 하나의 행동노선을 담고 있기 때문에 그에 관련된 개인들의 행동을 위한 지침역할을 한다.
③ 정책은 변동과 안정을 야기하기도 하며 사회의 이익을 조정·통합하기도 한다.
④ 리플리와 프랭클린(R. Ripley & G. Franklin)의 경쟁적 규제정책은 배분정책과 규제정책의 성격을 동시에 지니고 있다.
⑤ 국경일 제정, 국기 게양 등은 국민적 통합을 위하여 정치적인 목적으로 사용하는 상징정책의 예이다.

03 정책과정의 참여자 중 공식적인 참여자에 해당하는 것은? 2022 행정사

① 이익집단　　　　　　　② 입법부
③ 정당　　　　　　　　　④ 시민단체
⑤ 민간전문가

04 중앙정부의 정책과정 참여자 중 비공식적 참여자로만 묶은 것은? 2013 행정사

ㄱ. 정당	ㄴ. 국무총리
ㄷ. 대통령	ㄹ. 이익집단
ㅁ. 전문가집단	ㅂ. 시민단체
ㅅ. 언론	ㅇ. 부처장관

① ㄱ, ㄴ, ㄷ, ㅁ, ㅂ　　　② ㄱ, ㄷ, ㄹ, ㅂ, ㅇ

③ ㄱ, ㄹ, ㅁ, ㅂ, ㅅ　　　④ ㄴ, ㄷ, ㄹ, ㅁ, ㅇ

⑤ ㄴ, ㄷ, ㄹ, ㅅ, ㅇ

---

01 ① 수단가치(능률성)를 중요시한다.
② 사회적 배분보다는 내부적 관리를 강조한다.
③ 양적 분석을 중요시한다.
④ 정치적 요인을 고려하지 않는다.

02 ① 정책은 정치적·행정적 과정으로서 복잡하고 동태적 과정을 거친다.

03

공식적 참여자	비공식적 참여자
행정부(신속한 대응, 위임입법 등), 입법부(국정조사, 예산심의 등), 사법부(판결, 위헌심사 등), 지방자치단체(단체장, 지방의회)	정당(이익 결집), 이익집단, 전문가집단, 시민단체, 언론 등

04 정당, 이익집단, 전문가집단, 시민단체, 언론이 비공식적 참여자에 해당한다.

Answer　01. ⑤　02. ①　03. ②　04. ③

제2절 정책유형의 분류

05 로위(T. Lowi)의 정책유형에 해당하는 것을 모두 고른 것은? 2020 행정사

ㄱ. 분배정책	ㄴ. 규제정책
ㄷ. 보호적 규제정책	ㄹ. 자율규제정책
ㅁ. 재분배정책	ㅂ. 구성정책

① ㄱ, ㄴ, ㄷ, ㄹ   ② ㄱ, ㄴ, ㅁ, ㅂ

③ ㄱ, ㄹ, ㅁ, ㅂ   ④ ㄴ, ㄷ, ㄹ, ㅁ

⑤ ㄷ, ㄹ, ㅁ, ㅂ

06 정책 유형에 관한 설명으로 옳은 것은? 2018 행정사

① 리플리와 프랭클린(R. Ripley & G. Franklin)의 경쟁적 규제정책은 배분정책과 규제정책의 성격을 동시에 지니고 있다.

② 리플리와 프랭클린(R. Ripley & G. Franklin)의 보호적 규제정책은 소수를 보호하기 위해 다수를 규제하는 정책이다.

③ 로위(T. Lowi)가 주장하는 배분정책의 가장 큰 특징은 계급 대립의 성격을 지닌다는 것이다.

④ 로위(T. Lowi)의 재분배정책은 수혜자와 비용부담자 간의 갈등이 없다는 점이 특징이다.

⑤ 알몬드와 파웰(G. Almond & B. Powell)은 정책을 배분, 규제, 재분배, 구성 정책으로 분류하였다.

05 ※ 학자별 정책유형의 분류
- 로위(T. J. Lowi)의 정책유형 분류 : 분배 · 구성 · 규제 · 재분배
- 리플리와 프랭클린(Ripley & Franklin)의 정책유형 분류 : 분배 · 재분배 · 경쟁적 규제 · 보호적 규제
- 알몬드와 파웰(Almond & Powell)의 분류 : 상징 · 추출 · 분배 · 규제

※ 로위(T. Lowi)의 정책유형

강제력의 행사방법 \ 강제력의 적용대상	개별적 행위	행위의 환경
간접적	분배정책 • 로그롤링(협력), 포크배럴(경쟁) • 사회간접시설, 국고보조금, 국 · 공립학교를 통한 교육서비스의 제공, 수출특혜금융, 주택자금의 대출, 택지분양, 연구개발 특구 지원 등	구성정책 • 선거구 조정, 정부의 새로운 조직이나 기구의 설립, 공무원 · 군인의 보수 및 연금 등
직접적	규제정책 • 피규제자(피해자)와 수혜자가 명백하게 구분, 갈등 수준이 상당히 높은 편 • 부실기업 구조조정, 최저임금제도, 독과점 규제, 공해배출업소 단속, 공공건물 금연, 탄소배출권거래제 등	재분배정책 • 중앙정부 수준의 정책결정, 이념적 논쟁과 소득계층 간 갈등이 첨예하게 대립 • 저소득층을 위한 근로장려금, 누진세, 사회보장제도, 임대주택건설, 연방은행의 신용통제, 실업수당

06 ② 리플리와 프랭클린(R. Ripley & G. Franklin)의 보호적 규제정책은 다수를 보호하기 위해 소수를 규제하는 정책이다.
③ 로위(T. Lowi)가 주장하는 재분배정책의 가장 큰 특징은 계급 대립의 성격을 지닌다는 것이다.
④ 로위(T. Lowi)의 재분배정책은 소득계층 간 갈등이 첨예하게 대립한다.
⑤ 로위(T. Lowi)는 정책을 배분, 규제, 재분배, 구성 정책으로 분류하였다. 알몬드와 파웰(G. Almond & B. Powell)은 정책을 상징, 추출, 분배, 규제로 분류하였다.
★ 'Distributive'를 문제에 따라서 배분 또는 분배로 표현하고 있다.

※ 리플리와 프랭클린(Ripley & Franklin)의 정책유형 분류

경쟁적 규제정책	보호적 규제정책
• 다수의 경쟁자 중 특정 개인이나 집단에게 서비스의 제공권을 부여하고 이들의 활동을 규제하는 정책으로 배분정책적 성격과 규제정책적 성격을 동시에 가지고 있음 • 항공노선 취항권의 부여, 종합편성 채널의 운영권 부여 등	• 소수자나 사회적 약자, 일반대중을 보호하기 위한 정책으로, 대부분의 규제정책은 보호적 규제정책에 해당함 • 작업장 안전을 위한 기업 규제, 국민건강보호를 위한 식품위생 규제, 환경 오염방지, 최저임금제, 독과점 규제, 개발제한구역 설정 등

※ 알몬드와 파웰(Almond & Powell)의 분류

상징정책	추출정책
정부에 대한 인식을 좋게 하는 정책으로 한글의 날 공휴일 지정, 광화문 복원, 월드컵 개최 등	일반 국민에게 인적 · 물적 자원을 부담시키는 정책으로 조세, 부담금, 징병 등

Answer   05. ②   06. ①

07 리플리와 프랭클린(R. B. Ripley & G. A. Franklin)은 정책유형이 달라짐에 따라 정책형성과정과 정책집행과정도 달라진다고 주장한다. 다음은 그들이 제시한 정책유형 중 어떤 정책에 관한 설명인가? 2013 행정사

> 정부는 특정 전문지식과 자격을 갖춘 몇몇 개인이나 기업(집단)에게 특정한 기간 동안 사업을 할 수 있도록 허용하되 일정한 기간 후에는 자격조건을 재심사하도록 함으로써 경쟁력을 높이고, 공익을 위해서 서비스 제공에 대한 규정을 지키도록 하는 것이다.

① 경쟁적 규제정책
② 보호적 규제정책
③ 상징정책
④ 분배정책
⑤ 재분배정책

08 정책유형 중 상징정책에 해당하는 것을 모두 고른 것은? 2016 행정사

> ㄱ. 선거구의 통폐합
> ㄴ. 올림픽 등 국제행사의 유치 및 개최
> ㄷ. 국경일의 제정 및 준수
> ㄹ. 국공립학교를 통한 교육서비스 제공
> ㅁ. 조세 부과 및 징병

① ㄴ, ㄷ
② ㄷ, ㄹ
③ ㄱ, ㄴ, ㄹ
④ ㄱ, ㄷ, ㄹ
⑤ ㄴ, ㄷ, ㅁ

제3절 정책참여자들 간의 관계

09 **정책과정의 참여자들에 관한 설명으로 옳지 않은 것은?** 2025 행정사

① 다원주의는 분야별 이익을 독점적으로 대표하는 제한된 수의 이익집단과 국가와의 협력을 강조한다.

② 이슈네트워크는 정책공동체에 비해 상대적으로 많은 이해관계자와 느슨한 관계를 가정한다.

③ 무의사결정론은 다원주의에 대한 비판적 시각에서 등장하였다.

④ 철의 삼각은 폐쇄적 경계를 강조하고, 배타성이 매우 강하다.

⑤ 정책공동체는 다양한 내·외부 전문가 집단의 참여를 강조하는 점에서 하위정부모형과 차별화된다.

07 리플리와 프랭클린(Ripley & Franklin)은 분배·재분배·경쟁적 규제·보호적 규제 정책으로 분류하였다. 상징정책은 알몬드와 파웰의 분류에 해당한다.

08 ㄱ. 구성정책, ㄹ. 분배정책, ㅁ. 추출정책에 각각 해당한다.

09 ① 조합주의는 분야별 이익을 독점적으로 대표하는 제한된 수의 이익집단과 국가와의 협력을 강조한다. 다원주의는 정책을 많은 이익집단의 경쟁과 타협의 산물로 본다.

Answer   07. ①   08. ①   09. ①

10 정책이론에 관한 설명으로 옳지 않은 것은? 2024 행정사

① 마르크스주의 – 현대국가는 모든 자본가 계층의 공통된 이해관계를 대변하기 위한 위원회와 같다.

② 엘리트주의 – 지배계층은 모든 정책과정을 장악하고 영향력을 행사하며 정책의 혜택을 누린다.

③ 무의사결정 – 정치적 행위자는 자신의 효용과 만족감을 최대화하기 위하여 합리적으로 행동한다.

④ 제도주의 – 정책분석의 초점은 정부제도의 공식적·법적 기구에 맞추는 것이다.

⑤ 다원주의 – 정부의 역할은 단지 집단 간의 이익대결과 갈등을 조정하는 중립적인 제3자에 불과하다.

11 바흐라흐와 바라츠(P. Bachrach & M. Baratz)의 무의사결정론에 관한 설명으로 옳은 것을 모두 고른 것은? 2023 행정사

> ㄱ. 무의사결정은 의사결정자의 가치나 이익에 대한 잠재적이거나 현재적인 도전을 억압하거나 방해하는 결과를 초래하는 결정을 의미한다.
> ㄴ. 무의사결정은 정책의제 채택과정에서 일어날 뿐 정책결정과 집행과정에서는 일어나지 않는다.
> ㄷ. 무의사결정을 추진하기 위하여 폭력이 동원되기도 한다.
> ㄹ. 엘리트론을 비판하면서 다원론을 계승 발전시킨 신다원론적 이론이다.

① ㄱ, ㄴ ② ㄱ, ㄷ
③ ㄱ, ㄹ ④ ㄴ, ㄹ
⑤ ㄷ, ㄹ

12 정책네트워크모형에 관한 설명으로 옳지 않은 것은? 2018 행정사

① 자원의존성을 토대로 한 행위자들 간의 교환관계를 중시한다.

② 정책공동체는 이슈네트워크에 비해 개방적이고 유동적인 네트워크로서의 특징을 지닌다.

③ 단순하고 분명하게 정의된 하위정부의 경계와는 달리 이슈네트워크의 경계는 모호하다.

④ 하위정부모형에서는 소수의 엘리트 행위자들이 특정 정책영역에서 정책결정을 지배하고 있다고 설명한다.

⑤ 이슈네트워크에서는 행위자들 간의 권력배분이 불평등하다.

10 ③ 합리적 선택 제도주의에 대한 설명이다. 무의사결정은 권력을 가진 집단은 자신들에게 불리하거나 바람직하지 않다고 생각되는 특정 이슈들이 정부 내에서 논의되지 못하도록 봉쇄한다는 것을 의미한다.

11 ㄴ. 무의사결정은 정책의제 채택과정뿐 아니라 정책결정과 집행과정에서도 일어난다.
ㄹ. 무의사결정이론은 다원론을 비판하면서 엘리트론을 계승 발전시킨 신엘리트론적 이론이다.

12 ② 이슈네트워크는 정책공동체에 비해 개방적이고 유동적인 네트워크로서의 특징을 지닌다.

구분	이슈네트워크	정책공동체
참여자의 범위	광범위, 개방적	제한적, 폐쇄적
참여자의 권한·자원	일부만 권한·자원을 소유한 배타적 관계	모든 사람이 자원·권한을 가진 교환적 관계
행위자 간 관계	경쟁적·갈등적·영합게임 (negative-sum game)	의존적·협력적·정합게임 (positive-sum game)

※ 하위정부모형(철의 삼각)

의미	선출직 의원, 정부관료, 이익집단이 특정정책의 결정을 지배
특징	정책결정이 참여자들 사이의 협상과 합의에 의해 이루어짐, 폐쇄적 관계를 강조

Answer 10. ③ 11. ② 12. ②

13 철의 삼각(iron triangle) 모형에서 동맹을 형성하는 집단들을 모두 고른 것은? 2015 행정사

> ㄱ. 언론매체　　　　　　　ㄴ. 이익집단
> ㄷ. 정당　　　　　　　　　ㄹ. 행정기관
> ㅁ. 의회 소관 위원회

① ㄱ, ㄴ, ㄷ　　　　　　　② ㄱ, ㄴ, ㅁ
③ ㄴ, ㄷ, ㄹ　　　　　　　④ ㄴ, ㄹ, ㅁ
⑤ ㄷ, ㄹ, ㅁ

제4절 정책의제설정

14 정책의제설정에 영향을 미치는 요인이 아닌 것은? 2022 행정사

① 사회 이슈와 관련된 행위자가 많고, 문제해결을 위한 다수의 정책 대상 집단에게 영향을 미치는 경우 보다 쉽게 정책의제화될 수 있다.

② 사회문제로 인한 피해자 숫자가 많거나 피해의 사회적 의미가 중대할수록 정책의제로 채택될 가능성이 높다.

③ 정책의제설정은 정책이해관계자, 이슈가 되는 정책문제, 문제를 논의하는 제도적 환경 등 복합적인 관계의 영향을 받지 않는다.

④ 국민적 관심과 집결도가 높거나 특정 사회 이슈에 대해 정치인의 관심도가 클수록 정책의제화될 가능성이 높다.

⑤ 정책의제화를 요구하는 집단의 규모와 영향력이 클수록 정책의제화될 가능성이 높다.

15 콥과 엘더(Cobb & Elder)가 제시한 정책의제설정 순서를 올바르게 나열한 것은? 2025 행정사

> ㄱ. 사회적 쟁점 ㄴ. 사회문제
> ㄷ. 공중의제(public agenda) ㄹ. 제도의제(institutional agenda)

① ㄱ - ㄴ - ㄹ - ㄷ   ② ㄴ - ㄱ - ㄷ - ㄹ
③ ㄴ - ㄷ - ㄱ - ㄹ   ④ ㄷ - ㄴ - ㄱ - ㄹ
⑤ ㄹ - ㄱ - ㄴ - ㄷ

13 하위정부모형(철의 삼각)은 선출직 의원(의회 소관 위원회), 정부관료(행정기관), 이익집단이 특정 정책의 결정을 지배한다는 이론이다.

14 ③ 정책의제설정은 정책이해관계자, 이슈가 되는 정책문제, 문제를 논의하는 제도적 환경 등 복합적인 관계의 영향을 받는다.

15 ※ 정책의제 설정 단계

> 1. 사회문제(social problem)
>   개인의 문제가 다수로부터 공감을 얻게 되어 많은 사람들의 문제로 인식된 상태로, 일부 사회문제만 정책의제가 된다.
> 2. 사회적 이슈(social issue)
>   사회문제가 여러 가지 다른 견해를 갖는 다수의 집단들로 하여금 논쟁을 야기하며, 일반인의 관심을 집중하고 여론을 환기시키려는 상태이다. 사회문제의 성격이나 그 해결방안에 대하여 논란이 벌어지는 단계이다.
> 3. 공중의제(public agenda) = 체제의제(systemic agenda) 등
>   일반대중의 관심과 주의를 받고 있으며 정부가 개입하여 문제를 해결하여야 한다고 인정되지만, 정부가 문제 해결을 고려하기로 공식적으로 밝히지 않은 상태이다[아이스톤(Eyestone)은 '공중의제'로, 다른 학자들은 '체제의제'라고 부른다].
> 4. 정부의제(governmental agenda) = 제도의제(institutional agenda) = 공식의제(official agenda) 등
>   여러 가지 공중의제들 중에서 정부가 그 해결을 위하여 심각하게 관심과 행동을 집중하는 정부의제로 선별되는 상태로, 정부의제가 되면 해결될 가능성이 매우 높아진다.

Answer   13. ④   14. ③   15. ②

16 정책의제설정에 관한 설명으로 옳지 않은 것은? 2021 행정사

① 공중의제는 사회문제 혹은 사회적 쟁점이 한 단계 더 나아가 일반 공중의 주목을 받게 된 의제를 말한다.

② 외부주도형은 공중의제화를 억제하기 때문에 일종의 음모형에 해당한다.

③ 동원형은 사회문제가 정부의제로 먼저 채택되고, 정부의 의도적인 노력에 의해서 공중의제로 확산되는 경우를 말한다.

④ 내부접근형은 선진국의 경우, 특수 이익집단이 비밀리에 정부의 혜택을 보려는 외교·국방정책 등에서 주로 나타난다.

⑤ 위기나 재난 등 극적 사건은 사회문제를 정부의제화시키는 점화장치에 해당된다.

17 콥과 로스(Cobb & Ross)가 제시한 정책의제설정 모형에 관한 내용으로 옳지 않은 것은? 2017 행정사

① 외부주도형은 다원화되고 민주화된 선진국 정치체제에서 많이 나타나는 유형이다.

② 내부접근형은 고위의사결정자 등에 의해 정부의제가 먼저 설정되고 정책순응을 확보하기 위해 다각적인 홍보 등을 거쳐 최종적으로 정책의제로 채택되는 유형이다.

③ 외부주도형은 정부 바깥에 있는 집단이 사회문제를 정부가 해결해줄 것을 요구하며 정부의제로 채택하도록 하는 유형이다.

④ 내부접근형은 국방, 외교 등 비밀 유지가 필요한 분야의 정책, 또는 강한 반대가 예상됨에도 불구하고 반드시 추진하려는 정책 등에서 찾아볼 수 있다.

⑤ 동원형은 정부의 힘이 강하고 민간부문이 취약한 후진국에서 많이 나타나는 유형이나, 선진국에서도 정치지도자가 특정한 사회문제해결을 주도하는 경우에 나타난다.

제5절 정책분석(PA : Policy Analysis)

18 정부의 정책문제는 해결해야 할 문제를 어떤 관점에서 보는가에 따라 정책목표의 구체적인 내용과 정책수단도 달라진다. 다음 중 정책문제의 속성에 관한 설명으로 옳지 않은 것은?

2013 행정사

① 정책문제는 공공성이 강하다.
② 정책문제는 주관적이며, 정치적 성격이 강하다.
③ 정책문제는 복잡·다양하며, 상호의존적이다.
④ 정책문제는 역사적 산물인 경우가 많다.
⑤ 정책문제는 정태적 성격이 강하다.

---

16 ② 외부주도형은 다원화된 정치체제에서 민간집단에 의해 이슈가 제기되어 공중의제화한 이후 정책 결정자의 관심을 끌게 되면 정부의제로 전환되는 것이다. 공중의제화를 억제하는 것은 내부접근형에 대한 설명이다.

※ 콥과 로스(Cobb & Ross)의 정책의제설정과정

외부주도모형	• 사회문제 → 공중의제 → 정부의제 • 정부외부의 민간집단에 의해 이슈가 제기, 다원화된 정치체제에서 많이 나타남, 강요된 정책 문제
동원모형	• 사회문제 → 정부의제 → 공중의제 • 정부 내 최고 통치자나 고위정책결정자가 주도하여 정책의제를 미리 결정한 후 이것을 일반 대중을 이해·설득, 올림픽·월드컵 유치, 새마을 운동
내부접근형 (음모형)	• 사회문제 → 정부의제 • 정부기관 내부의 집단 혹은 정책결정자와 빈번히 접촉하는 집단에 의해 정책의제화가 진행되는 형태, 국민을 무시하는 정부

※ 킹던의 정책의제설정모형

킹던의 정책의 창모형 (3P + 점화장치)	쓰레기통모형을 적용·발전시킨 모형으로 i) 문제의 흐름(problem stream), ii) 정책대안의 흐름(policy stream), iii) 정치의 흐름(political stream)이 독자적으로 흐르다가 어떤 계기(점화장치 : 갑작스러운 사고 또는 정권교체 등)로 결합함으로써 새로운 정책의제로 형성된다고 설명

17 ② 동원형에 대한 설명이다. 내부접근형은 홍보 등을 거치지 않는다.

18 ⑤ 정책문제는 동태적 성격이 강하다.

Answer   16. ②   17. ②   18. ⑤

19 실제 체제를 모방한 모형을 활용하는 정책대안의 미래예측 기법은? 2023 행정사

① 브레인스토밍   ② 정책델파이

③ 정책학습   ④ 시뮬레이션

⑤ 교차영향분석

20 다음 내용과 밀접한 관련이 있는 정책대안의 미래예측 기법은? 2021 행정사

• 선택적 익명	• 식견 있는 다수의 참여
• 양극화된 통계처리	• 구조화된 갈등 유도

① 시계열분석기법   ② 시뮬레이션

③ 정책델파이   ④ 교차영향분석

⑤ 실현가능성분석

제6절 정책결정

21 정책결정모형에 관한 설명으로 옳은 것은? 2025 행정사

① 엘리슨(Allison)의 조직과정모형은 권력의 소재가 개인 행위자들의 정치적 자원에 의존한다고 본다.

② 쓰레기통모형은 조직의 학습과 불확실성 회피와 같은 요인을 강조한다.

③ 점증모형은 정책대안의 선택과 가치판단은 분리하기 어려운 것으로 본다.

④ 만족모형은 다수가 해당 정책에 합의했는지에 따라 좋은 정책 여부를 판단한다.

⑤ 혼합주사모형은 비정형적 결정을 위한 초합리성을 강조한다.

22 **정책결정의 이론모형에 관한 설명으로 옳지 않은 것은?** 2024 행정사

① 만족모형은 인간의 능력에 한계가 있으므로 최적의 대안이 아닌 만족하는 정도의 대안을 결정한다.

② 최적모형은 비정형적인 정책결정 시 창의성이나 통찰력 같은 초합리성을 중요시한다.

③ 쓰레기통모형은 고도로 불확실한 조직상황하에서의 정책결정양태를 설명한다.

④ 관료정치모형은 의견이 동일한 관리자들이 연합하여 최종해결안을 선택하고, 토론과 협상을 매우 중요시한다.

⑤ 점증모형은 정책결정과정을 약간의 향상을 위해 그럭저럭 헤쳐 나가는 과정으로 본다.

19 ※ 미래대안의 미래예측 기법

정책델파이	• 식견 있는 다수의 참여, 구조화된 갈등 유도, 양극화된 통계 처리, 선택적 익명
브레인스토밍	• 구성원들이 아이디어와 문제해결 대안들을 자유롭게 토론하는 방법
교차영향분석	• 연관 사건의 발생 여부에 따라 대상사건이 발생할 가능성을 주관적으로 판단
정책학습	• 시행착오나 정책실패를 통해 더 나은 정책을 결정할 수 있는 방법을 얻음

20 ③ 정책델파이 : 실제 체제를 모방한 모형을 활용하는 정책대안의 미래예측 기법
① 시계열분석기법 : 시계열자료를 활용하는 양적 예측기법
② 시뮬레이션 : 실제 체제를 모방한 모형을 활용하는 정책대안의 미래예측 기법
④ 교차영향분석 : 연관 사건의 발생 여부에 따라 대상사건이 발생할 가능성을 주관적으로 판단
⑤ 실현가능성분석 : 정책대안의 경제적, 정치적 실현가능성 등을 분석

21 ① 엘리슨(Allison)의 관료정치모형은 권력의 소재가 개인 행위자들의 정치적 자원에 의존한다고 본다.
② 회사모형은 조직의 학습과 불확실성 회피와 같은 요인을 강조한다.
④ 점증모형은 다수가 해당 정책에 합의했는지에 따라 좋은 정책 여부를 판단한다.
⑤ 최적모형은 비정형적 결정을 위한 초합리성을 강조한다.

22 ④ 관료정치모형에서 정책결정의 행위주체는 독자성이 강한 다수 행위자들의 집합으로, 정책결정은 이들 간의 정치적 경쟁, 협상, 타협에 의한 정치적 결과이다. 구성원들 간의 목표 공유 정도와 정책결정의 일관성이 낮다.

Answer   19. ④   20. ③   21. ③   22. ④

23 정책결정모형에 관한 설명으로 옳지 않은 것은? 2017 행정사

① 에치오니(Etzioni)는 규범적이지만 비현실적인 합리모형과 현실적이지만 보수적인 점증모형을 절충한 모형을 제시하였다.

② 사이몬(Simon)은 결정자의 인지능력의 한계, 상황의 불확실성 및 시간의 제약 때문에 제한적 합리성하에서 결정이 이루어진다고 주장한다.

③ 합리모형에서 말하는 합리성은 정치적 합리성이다.

④ 쓰레기통모형에서 가정하는 상황은 불확실성과 혼란이 심한 상태이다.

⑤ 점증모형은 실제의 결정상황에 기초한 현실적이고 기술적인 모형이다.

24 점증주의 정책결정모형에 관한 설명으로 옳지 않은 것은? 2016 행정사

① 정치적 다원주의 입장에서 이해관계자들의 타협과 조정을 통해 정책결정이 이루어진다.

② 경제적 합리성보다 정치적 합리성을 중요시한다.

③ 계속적 · 점진적인 방식으로 당면한 정책문제를 해결하고자 한다.

④ 정책의 정치적 실현가능성을 높여주는 장점이 있다.

⑤ 정책결정자의 직관이나 판단력, 창의력 등 초합리적인 요소를 중시하는 규범적 · 처방적 모형이다.

25 정책결정에 있어서 사이버네틱스 모형에 관한 설명으로 옳지 않은 것은? 2019 행정사

① 정책결정과정에서 변수의 단순화를 통해서 불확실성을 통제한다.

② 사전에 설정된 표준운영절차(SOP)의 중요성이 강조된다.

③ 주요 변수의 유지를 위한 적응에 초점을 둔다.

④ 사전에 설정된 고차원 목표의 극대화를 추구한다.

⑤ 의사결정자는 처리할 수 없는 문제에 직면할 경우 표준운영절차(SOP)를 수정 · 변경 · 추가하면서 문제를 해결한다.

23 ③ 합리모형에서 말하는 합리성은 경제적 합리성이다. 정치적 합리성은 점증모형의 특징이다.

※ 개인적 차원의 정책결정모형

합리모형	• 의사결정자는 경제인이고(경제적 합리성) 목표의 달성을 극대화할 수 있는 최선의 대안이 결정된다는 관점으로 규범적·이상적 모형 • 현실의 문제를 근본적으로 해결, 혁신적인 정책대안 발굴에 도움, 지나치게 많은 분석 시간과 노력이 요구 • 합리모형의 가정 : 문제상황, 대안의 우선순위, 비용과 편익, 목표에 대한 명확성
만족모형 (사이몬)	의사결정자는 합리성을 제약받는 행정인으로, 만족할 만한 대안의 선택에 그친다고 봄. 무작위적이고 순차적으로 몇 개의 대안만을 탐색
점증모형 (린드블룸 & 윌다브스키)	• 정책결정은 현존하는 정책에서 조금씩 수정·보완하는 방법으로 이루어진다는 관점으로 합리모형의 현실적 한계를 비판하면서 등장 • 정책은 타협과 조정의 산물(정치적 합리성), 현실적이고 기술적인 모형 • 보수적이라는 비판, 기존 정책이 잘못된 것이면 악순환, 혁신을 저해, 비가분적 정책결정에 적용하기 어려움
혼합탐사모형 (에치오니)	• 정책결정은 근본적인 결정과 세부적인 결정의 지속적인 상호작용으로, 거시적이고 장기적인 안목에서 대안의 방향성을 탐색(범사회적 지도체제) • 합리모형의 이상주의적 단점과 점증모형의 보수성이라는 약점을 극복
최적모형 (드로어)	• 정책결정자의 합리성뿐만 아니라 직관·판단·통찰 등(초합리성)도 정책결정의 중요한 요인으로 봄. 즉 이상주의와 현실주의의 절충, 양적 분석과 함께 질적 분석도 중요함 • 정책결정과정은 초정책결정단계, 정책결정단계, 후결정단계로 구분

24 ⑤ 드로어의 최적모형에 대한 설명이다.

25 ④ 합리모형에 대한 설명이다.

※ 집단적 차원의 정책결정모형

엘리슨 모형	• 국제정치적 사건에 대응하는 정책결정을 설명하기 위한 모형으로, 세 가지 모형(합·조·관)이 동시에 적용 가능 • 합리모형(모형 1) : 정책결정은 단일행위자의 합리적 선택이라고 간주, 구성원 간의 응집성과 목표 공유도가 높음 • 조직과정모형(모형 2) : 조직은 반독립적 하위조직이 느슨하게 연결된 집합체, 조직의 하위계층에 적용, 정책결정은 준해결상태, 표준운영절차 • 관료정치모형(모형 3) : 정책결정의 행위주체는 독자성이 강한 다수 행위자들의 집합으로, 정책결정은 이들 간의 정치적 경쟁, 협상, 타협에 의한 정치적 결과, 구성원들 간의 목표 공유 정도와 정책결정의 일관성이 낮음
쓰레기통 모형 (코헨, 마치&올슨)	• 조직화된 무정부 상태에서 의사결정 • 합리성을 제약하는 요인 : 문제성 있는 선호, 불명확한 기술, 수시적 참여자 • 문제, 해결책, 참여자, 선택기회가 독자적으로 흘러 다니다가 우연히 발생하는 점화계기(대형 참사, 정권교체 등)로 결정이 이루어짐(문·해·참·선 + 점화계기) • 의사결정방식 : 진빼기(choice by flight) 결정, 날치기 통과(choice by oversight)
사이버네틱스 모형 (스타인부르너)	• 자동온도조절장치와 같은 프로그램된 메커니즘에 따라 의사결정 • 특징 : 불확실성 통제(한정된 변수에만 집중하여 불확실성 통제), 적응적 의사결정(시간의 흐름에 따라 환류되는 정보를 분석하여 수정·보완), 집합적 의사결정(조직의 의사결정은 하위조직들에게 할당되고 하위조직들은 표준운영절차에 따라 문제를 해결)
회사(연합)모형 (사이어트&마치)	• 조직은 서로 다른 목표를 지닌 하위조직들이 느슨하게 연결된 연합체 • 갈등의 준해결 : 서로 나쁘지 않을 정도로의 수준에서 타협 • 문제 중심의 탐색 : 특별히 관심을 끄는 부분에 대해서만 고려 • 표준운영절차(SOP)의 활용 : 가장 효율적이라고 판단되는 정책결정절차와 방식을 마련 • 조직의 학습 : 시간의 흐름에 따라 결정수준이 개선 • 불확실성의 회피 : 환경에 단기적으로 대응하거나, 불확실한 환경을 회피

Answer 23. ③ 24. ⑤ 25. ④

26 정책결정모형의 하나인 쓰레기통모형(garbage can model)에 관한 설명으로 옳지 않은 것은? 2015 행정사

① 조직화된 무정부상태(organized anarchy)에서 이루어지는 의사결정을 설명한다.

② 코헨(M. Cohen), 마치(J. March), 올슨(J. Olson)이 정립한 모형이다.

③ 의사결정의 네 가지 요소인 정책문제, 해결방안, 참여자, 선택기회가 초기부터 서로 강한 상호작용을 통하여 나타나는 의사결정이다.

④ 고도로 불확실한 조직상황에서 이루어지는 의사결정과정을 기술하고 설명하는 모형이다.

⑤ 상하위 계층적 관계를 지니지 않은 참여자들에 의하여 의사결정이 이루어지는 경우에도 적용할 수 있다.

27 정책결정모형에 관한 설명으로 옳지 않은 것은? 2014 행정사

① 합리모형에서는 의사결정자가 정책결정에 있어서 주관적이고 감정적인 요소를 배제하고 합리성에 근거하여 정책을 결정한다.

② 점증모형은 현재 정책에 대한 약간의 변화만을 고려해 정책을 결정하고 시간이 흐름에 따라 환류되는 정보를 분석하여 지속적으로 수정하는 것이다.

③ 쓰레기통 모형은 쿠바 미사일 위기에 따른 미국 정부의 정책결정 과정을 설명하기 위해서 고안되었다.

④ 공공선택 모형에서는 정부를 공공재의 생산자로, 시민들을 공공재의 소비자로 규정한다.

⑤ 엘리슨 모형은 정책결정 과정을 합리모형, 조직과정모형 및 관료정치모형 등으로 분류하고 있다.

제7절 정책집행

28 정책집행에서 하향적 접근방법에 관한 설명으로 옳지 않은 것은? 2022 행정사

① 정책이 추구하는 목표를 분명히 하고, 정책결정자의 의도를 정확히 이해할수록 정책은 보다 효과적으로 집행될 수 있다.

② 정책결정의 결과물인 정책목표를 달성해 가는 과정을 정책집행으로 이해한다.

③ 정책집행 현장에서 집행조직과 정책사업 사이의 상호적응이 강조된다.

④ 정책이 결과물을 창출하는 과정에서 정책결정자가 어떤 역할을 했는지에 관심이 있다.

⑤ 정책결정단계에서 주된 역할을 하는 참여자와 정책내용에 초점을 맞춘다.

---

26 ③ 쓰레기통 모형은 의사결정의 네 가지 요소인 정책문제, 해결방안, 참여자, 선택기회가 독자적으로 흐르다가 우연히 결합하면서 나타나는 의사결정이다.

27 ③ 엘리슨 모형에 대한 설명이다.
쓰레기통(garbage can) 모형은 코헨, 마치와 올슨(Cohen, March & Olsen)이 조직화된 무정부(organized anachy) 상태에서 조직이 어떠한 의사결정 행태를 나타내는가를 설명하기 위해 제시한 모형이다.

28 ③ 버먼의 적응적 집행에 관한 것으로 통합모형에 해당한다.

※ **통합모형**

정책지지 연합모형 (사바티어)	• 상향식 접근방법이 분석단위, 여기에 영향을 미치는 요인은 하향식 접근방법 • 정책집행을 10년 이상의 장기간으로 연장, 정책변동 차원에서 재조명 • 정책하위체계(공공 및 민간 행위자들로 구성, 신념체계, 지지연합), 정책학습(장기적이고 점진적인 정책변화를 촉진하는 원동력) • 신념체계 : 규범적 핵심(근본 가치로 변경 가능성이 매우 낮음), 정책핵심(쉽게 변하지는 않지만, 환경보전과 경제개발 간의 대립 같은 근본적인 정책핵심의 갈등은 사회경제적 상황에 따라 변화함), 부차적 측면(정책핵심의 집행)
적응적 집행 (버먼)	• 미시 집행 국면에서 발생하는 정책과 집행 조직 사이의 상호적응이 이루어질 때 성공적으로 실행 • 거시적 집행구조 : 프로그램을 어느 정도 구체화하는 것을 의미, i) 행정, ii) 채택, iii) 미시적 집행, iv) 기술적 타당성 • 미시적 집행구조 : 일선집행기관의 집행 단계, i) 동원, ii) 전달자의 집행, iii) 제도화 과정

Answer 26. ③ 27. ③ 28. ③

29 **정책집행연구 중 하향적 접근방법에 관한 설명으로 옳지 않은 것은?** 2021 행정사

① 집행에 영향을 주는 집행관료와 이해관계집단 등 다양한 행위자들의 생각과 상호작용을 현장감 있게 분석할 수 있다.

② 정책집행을 정책결정과정에서 채택된 정책목표를 달성하는 과정으로 본다.

③ 바람직한 정책집행이 일어날 수 있는 규범적 처방을 정책결정자에게 제시해 주는 데 관심을 갖는다.

④ 유능하고 헌신적인 관료가 집행을 담당하여야 효과적인 정책집행이 가능하다고 한다.

⑤ 효과적인 정책집행을 위하여 조직화된 이익집단, 강력한 리더십 등이 있어야 한다고 한다.

30 **정책집행의 상향식 접근방법에 관한 설명으로 옳지 않은 것은?** 2025 행정사

① 정책집행을 다수의 참가자들 사이의 상호작용으로 이해한다.

② 정치행정이원론에 기초한 기술적 효율성 개념을 중시한다.

③ 일선관료의 적절한 재량 부여를 강조한다.

④ 바람직한 정책은 실현가능한 정책이라는 집행지상주의에 빠질 수 있다.

⑤ 집행의 영향을 받는 대상집단의 행태와 참여를 강조한다.

31 **정책집행에서 상향적 접근방법에 관한 설명으로 옳지 않은 것은?** 2015 행정사

① 정책목표보다는 집행문제의 해결에 초점을 맞춘다.

② 의도하지 않았던 정책의 효과를 분석할 수 있다.

③ 정책집행과정에 대해 정확하게 이해하기 위해서 일선집행관료와 대상 집단의 행태를 고찰한다.

④ 선거직 공무원에 의한 정책결정과 책임이라는 민주주의의 기본가치를 충실하게 반영한다.

⑤ 일선 집행관료들이 쉽게 느끼지 못하는 사회적, 경제적, 법적 요인들이 경시되기 쉽다.

32 나카무라와 스몰우드(R. Nakamura & F. Smallwood)가 제시한 정책집행자의 유형 중 정책집행자가 정책결정자의 결정권을 장악하고 정책과정 전반을 지배하는 유형은? 2023 행정사

① 고전적 기술관료형　　　　　　② 관료적 기업가형
③ 재량적 실험가형　　　　　　　④ 지시적 위임자형
⑤ 협상자형

---

29 ① 상향적 접근방법에 대한 설명이다.

※ **정책집행의 하향적 접근방법**

사바티어, 마즈매니언, 반미터, 반호른	• 상위계급이나 조직 또는 결정단계에서 집행으로 내려가는 방식으로, 엘모어의 전방향적 접근과 유사 • 집행의 비정치적이고 기술적인 성격을 강조, 정책결정을 정책집행보다 선행하는 것이고 상위의 기능으로 간주, 고위직(정책결정자)이 주도, 일선집행관료의 재량권을 축소하고 통제, 공식적인 목표가 중요한 변수, 다원화된 사회에서는 불가능한 경우가 많음
	사바티어와와 마즈매니언이 효과적인 정책집행을 위해서 필요하다고 본 전제조건(전제조건은 정책결정자에게 체크리스트 기능을 함) i) 정책결정은 타당한 인과관계, ii) 이해관계로부터 지속적인 지지, iii) 법령은 업무의 내용과 지침을 상세히 제시, iv) 정책목표의 우선순위가 명확하고 안정적, v) 유능하고 헌신적인 관료

30 ② 정치행정이원론에 기초한 기술적 효율성 개념을 중시하는 것은 정책집행의 하향식 접근방법에 해당한다.

※ **정책집행의 상향적 접근**

엘모어, 홀, 립스키	• 집행에서 시작하여 상위계급이나 조직 또는 결정단계로 거슬러 올라가는 방식으로, 엘모어의 후방향적 접근과 유사 • 분명하고 일관된 정책목표의 존재가능성을 부인, 정책이 일어나는 현장에 초점, 일선공무원의 재량과 자율을 확대, 정책집행을 주도하는 집단이 없거나, 집행이 다양한 기관에 의해 주도되는 경우를 설명

31 ④ 하향적 접근방법에 대한 설명이다.

32 정책집행자가 주도하는 형태는 관료적 기업가형이다.

※ **나카무라 & 스몰우드(Nakamura & Smallwood)의 정책집행자의 역할**
고전적 기술자형(구체적 목표, 구체적 수단) → 지시적 위임형(구체적 목표, 대체적 방침) → 협상형(목표 및 정책수단에 대한 협상) → 재량적 실험형(추상적 목표) → 관료적 기업가형(형식상 결정권 보유)

Answer　　29. ①　　30. ②　　31. ④　　32. ②

33 **다음에서 설명하고 있는 정책집행의 유형은?** 2022 행정사

> 정책결정자가 세부적인 정책내용까지 결정하며, 정책집행자들은 상세한 부분에 대해 아
> 주 제한된 부분의 재량권만 인정받고 정책목표 달성을 위해 노력한다.

① 고전적 기술관료형
② 지시적 위임형
③ 협상형
④ 재량적 실험가형
⑤ 관료적 기업가형

34 **정책집행에서 대상집단의 불응을 야기하는 원인이 아닌 것은?** 2016 행정사
① 불명확한 의사전달
② 자원의 부족
③ 정책에 대한 불신
④ 정부의 권위 및 정통성에 대한 부정
⑤ 형사처벌 등 제재의 사용

제8절 **정책평가 및 방법**

35 **정책평가의 절차 중 마지막 단계에서 이루어지는 것은?** 2017 행정사
① 자료의 수집 및 분석
② 인과모형의 설정
③ 대상 및 기준의 설정
④ 평가결과의 환류
⑤ 정책목표의 확인

36 정책평가에 관한 설명으로 옳지 않은 것은? 2021 행정사

① 총괄평가는 정책집행이 이루어지는 과정을 평가하는 활동으로 형성평가라고도 한다.

② 정책평가의 외적 타당성은 정책평가 결과의 일반화 가능성을 의미한다.

③ 정책평가의 내적 타당성은 정책이 집행된 이후에 나타나는 변화가 정책에 기인한 것인지, 다른 요인 때문인지를 밝히는 것과 관련된다.

④ 정책평가의 신뢰도는 동일한 측정도구를 반복해서 사용했을 때 동일한 결과를 얻을 확률을 의미한다.

⑤ 정책평가의 내적 타당성을 저해하는 요인으로 선정요인, 성숙요인, 역사요인 등을 들 수 있다.

---

33 정책결정자가 결정하는 영역이 가장 많은 '고전적 기술자형'에 대한 설명이다.

34 ⑤ 정책순응이란 정부정책에 따르는 것으로, 예컨대 폐수 방류를 금지하는 정책에 따라 폐수를 방류하지 않으면 순응하는 것이고 그렇지 않으면 불응하는 것이다. 형사처벌 등 제재의 사용은 정책순응을 확보하는 방법이다.

35 정책평가의 과정: 정책목표 확인 → 정책평가 대상 및 기준의 확정 → 인과모형의 설정 → 자료 수집 및 분석 → 평가결과의 환류

36 ① 총괄평가(summative evaluation)는 정책이 종료된 후에 그 정책이 당초 의도했던 효과를 가져왔는지 여부를 판단하는 활동으로 주로 외부평가자에 의해 수행된다.

※ 정책평가의 종류
- 평가성 사정(또는 예비적 평가): 본격적인 평가가능 여부와 평가 결과의 프로그램 개선가능성 등을 진단하는 일종의 예비적 평가
- 본평가
  - 과정평가(process evaluation): 정책을 집행하는 과정이나 절차가 제대로 되었는지를 점검
  - 형성평가(formative evaluation): 집행 도중에 이루어지는 평가로서, 집행관리와 전략의 수정 및 보완을 위한 평가
- 총괄평가(summative evaluation): 정책이 종료된 후에 그 정책이 당초 의도했던 효과를 가져왔는지를 판단하는 평가

Answer   33. ①   34. ⑤   35. ④   36. ①

37 성과평가(성과관리)에 관한 설명으로 옳지 않은 것은? 2018 행정사

① 전략목표는 성과목표의 상위목표로 기능한다.

② 효과성은 산출(output)보다는 결과(outcome)에 초점을 둔다.

③ 성과평가 논리모형에서 영향(impact)은 프로그램이 의도한 재화와 서비스의 생산량을 의미한다.

④ 교육프로그램의 경우 산출의 질적 성과를 측정하기 위해 만족도와 같은 성과지표를 활용한다.

⑤ 미션과 비전은 구체적이고 경험적인 검증보다는 추상적이고 규범적인 평가차원에서 다루어진다.

38 정책평가의 목적에 관한 설명으로 옳지 않은 것은? 2014 행정사

① 목표가 얼마나 잘 충족되었는지 파악할 수 있다.

② 정책 성공과 실패의 원인을 구체적으로 제시할 수 있다.

③ 정책 성공을 위한 원칙 발견과 향상된 연구를 위한 토대를 마련할 수 있다.

④ 목표달성을 위해 사용된 수단과 하위 목표들을 재확인할 수 있다.

⑤ 정책문제의 구조화와 정책담당자의 자율성을 확보하는 데 있다.

39 정책평가 연구설계의 타당성에 관한 설명으로 옳은 것은? 2018 행정사

① 내적 타당성은 정책변수의 효과에 대한 결론을 일반화시킬 수 있는 범위를 의미한다.

② 외적 타당성은 정책 수단과 결과의 인과관계에 관한 추론의 정확성을 의미한다.

③ 통계적 결론의 타당성은 연구에 사용된 측정도구가 이론적 구성개념과 일치하는 정도를 의미한다.

④ 성숙요인은 내적 타당성을 저해할 수 있다.

⑤ 준실험이 진실험보다 내적 타당성과 외적 타당성이 더 높다.

40 정책평가에 관한 설명으로 옳지 않은 것은? 2019 행정사

① 준실험설계는 실험집단과 통제집단의 동질성을 확보하여야 한다.

② 내적 타당성은 정책 집행 이후 변화가 오직 해당 정책에 기인한 것인지 아닌지를 밝히는 것과 관련된다.

③ 외적 타당성은 정책평가 결과의 일반화 가능성을 의미한다.

④ 평가성 검토(evaluability assessment)는 본격적인 평가를 시작하기 전에 실시하는 것으로 일종의 예비평가라고 볼 수 있다.

⑤ 허위변수는 두 변수 간에 전혀 관계가 없는데도 인과관계가 있는 것처럼 보이게 하는 제3의 변수이다.

---

37 ③ 산출(output)에 대한 설명이다. 예컨대 취업 교육 프로그램에 이수자가 50명(산출)이고, 이 중에서 30명이 취업(산출)에 성공했다. 성공적인 프로그램 운영으로 정부에 대한 신뢰도가 상승(영향)하였다.

※ 논리모형 vs 목표모형
- 논리모형 : 정책이 성과를 산출하기 위한 어떤 인과구조를 가지는지 설명

투입(input) 인적·물적 자원	→	활동(activity) 정부의 조치	→	산출(output) 직접적인 산물	→	결과(outcome) 실질적인 변화	→	영향(impact) 궁극적인 변화

- 목표모형 : 정책이 달성하려는 장기목표와 중·단기목표들을 잘 달성했는지에 관심

38 ⑤ 일반적으로 정책과정은 정책의제설정 → 정책분석 → 정책결정 → 정책집행 → 정책평가 순으로 진행된다. 정책문제의 구조화는 정책분석 단계에서 진행되며, 정책평가의 목적은 정책담당자의 책임성을 확보하는 데 있다.

39 ① 외적 타당성에 대한 설명이다.
② 내적 타당성에 대한 설명이다.
③ 구성적 타당성에 대한 설명이다. 통계적 결론의 타당성은 정책효과의 측정을 위해 충분히 정밀한 연구 설계가 이루어진 정도를 의미한다.
⑤ 준실험은 진실험보다 내적 타당성은 더 낮고, 외적 타당성이 더 높다.

구분	진실험설계	준실험설계
실험&통제 집단	무작위 배정을 통한 동질성 확보	동질성 확보 ×
내적 타당성	높음	중간
외적 타당성	낮음(호손효과를 강화)	중간
실행가능성	낮음	중간

40 ① 진실험설계에 대한 설명이다. 준실험설계는 실험집단과 통제집단의 동질성을 확보하지 못하는 경우 실시한다.

Answer   37. ③   38. ⑤   39. ④   40. ①

제9절 정부업무평가 기본법

41 정부업무평가 기본법상 정책평가제도에 대한 설명으로 옳지 않은 것은?

① 특정평가는 국무총리가 중앙행정기관을 대상으로 국정을 통합적으로 관리하기 위한 목적을 갖는다.

② 국무총리는 2 이상의 중앙행정기관 관련 시책, 주요 현안시책, 혁신관리 및 대통령령이 정하는 대상부문에 대하여 특정평가를 실시하고, 그 결과를 공개하여야 한다.

③ 중앙행정기관 또는 지방자치단체의 소속기관이 행하는 정책은 정부업무평가의 대상에 포함된다.

④ 정부업무평가위원회는 위원장 1인과 14인 이내의 위원으로 구성한다.

⑤ 자체평가는 중앙행정기관 또는 지방자치단체가 소관 정책 등을 스스로 평가하는 것을 말한다.

제10절 정책변동

42 다음 설명에 해당하는 정책변동모형은? 2019 행정사

> 신념체계에서 규범적 핵심이나 정책 핵심의 변화가 쉽게 나타나지 않기 때문에 정책 목표와 수단에 급격한 변화를 가져오는 근본적 정책변동은 용이하지 않다.

① 정책지지연합모형

② 정책흐름모형

③ 정책패러다임변동모형

④ 단절균형모형

⑤ 이익집단 위상변동모형

41 ④ 위원회는 위원장 2인(국무총리, 대통령이 지명하는 자)을 포함한 15인 이내의 위원으로 구성한다.

정부업무평가 위원회	국무총리 소속하에 정부업무평가위원회를 두고, 위원회는 위원장 2인(국무총리와 대통령이 지명하는 자)을 포함한 15인 이내의 위원(기획재정부장관·행정안전부장관·국무조정실장 등이 포함)으로 구성함
평가총괄기관	주요정책부문: 국무조정실, 재정사업부문: 기획재정부, 조직·정보화부문: 행정안전부, 인사부문: 인사혁신처
중앙행정기관의 자체평가	• 중앙행정기관의 장은 자체평가계획을 수립하여 매년 4월 말까지 위원회에 제출하여야 함. 중앙행정기관의 장은 그 소속기관의 정책 등을 포함하여 자체평가를 실시하여야 하고, 그 결과를 매년 3월 말까지 위원회에 제출하여야 함 • 자체평가위원의 3분의 2 이상은 민간위원으로 하여야 함 • 국무총리는 필요가 있다고 판단되는 때에는 위원회의 심의·의결을 거쳐 재평가를 실시할 수 있음
지방자치단체의 자체평가	• 지방자치단체의 장은 그 소속기관의 정책 등을 포함하여 자체평가를 실시하여야 하고, 자체평가위원의 3분의 2 이상은 민간위원으로 하여야 함 • 지방자치단체의 장은 자체평가계획을 매년 수립하여야 함
특정평가	• 국무총리가 중앙행정기관을 대상으로 국정을 통합적으로 관리하기 위하여 필요한 정책 등을 평가 • 2 이상의 중앙행정기관 관련 시책, 주요 현안시책, 혁신관리 및 대통령령이 정하는 대상부문

42 신념체계를 강조하는 것은 정책지지연합모형에 대한 설명이다.

정책패러다임 변동모형(홀)	정책목표와 정책수단의 급격한 변화
정책지지연합 모형(사바티어)	정책지지연합들이 그들의 신념체계에 기반한 정책을 추진하기 위하여 경쟁하는 과정에서 정책변동이 발생
정책흐름이론(킹던)	정책변동은 정책문제의 흐름, 정치의 흐름, 정책대안의 흐름이 결합하여 이루어짐

이익집단 위상변동모형(무치아로니)

이익집단의 위상이 변동되면 정책의 내용도 변동

구분		제도적 맥락	
		유리	불리
이슈맥락	유리	위상의 상승	위상의 저하
	불리	위상의 유지	위상의 쇠락

★ 이슈맥락: 정치체제 외부의 상황적인 요인
★ 제도적 맥락: 정치체제 구성원들의 선호가 특정 이익집단에 호의적인지 여부

제도의 협착모형	한번 형성된 제도가 이해관계자들 때문에 바뀌기 어렵다는 것을 설명

Answer 41. ④ 42. ①

조직

조직

01 과학적 관리론과 인간관계론에 관한 설명으로 옳지 않은 것은? 2016 행정사

① 과학적 관리론은 비공식적 집단의 역할을 강조하지만, 인간관계론은 공식적 조직의 역할을 중시한다.

② 메이요(Mayo)의 호손(Hawthorne) 실험은 인간관계론의 형성에 영향을 주었다.

③ 인간관계론은 작업환경이나 물리적 조건보다 조직구성원들의 사회심리적 요인을 중시한다.

④ 과학적 관리론과 인간관계론은 생산성 향상을 추구한다는 점에서 유사하다.

⑤ 과학적 관리론은 과업목표의 달성을 위해 체계적인 관리와 통제를 중시하는 관료제 조직에 적합하다.

02 인간관계론에 관한 설명으로 옳지 않은 것은? 2021 행정사

① 비공식적 집단의 역할을 강조한다.

② 메이요(E. Mayo)의 호손(Hawthorne) 실험은 인간관계론의 형성에 영향을 주었다.

③ 인간을 생존에 대한 기본적인 욕구에 의해 동기 부여되는 것으로 본다.

④ 과학적 관리론과 마찬가지로 생산성 향상을 추구한다.

⑤ 작업환경이나 물리적 조건보다 조직구성원의 사회심리적 요인을 중시한다.

03 현대조직이론의 특징으로 옳지 않은 것은? 2024 행정사

① 인간행태의 발전과 쇄신적 가치관을 중시하며 인간을 자아실현인·복잡인으로 파악한다.

② 가치의 다원화 및 행정현상의 다양성을 인정한다.

③ 효과성·생산성·민주성·대응성·사회적 적실성과 종합적인 행정개혁을 중시한다.

④ 조직을 환경과 상호작용하는 동태적·유기체적 개방체제로 파악한다.

⑤ 조직발전을 위해 조직의 변동과 갈등을 전적으로 억제한다.

제2절 동기부여이론 : 내용이론

04 동기부여 이론에 관한 설명으로 옳은 것은? 2023 행정사

① 매슬로우(A. Maslow)의 욕구계층이론은 과정이론에 해당한다.

② 맥클리랜드(D. McClelland)의 성취동기이론은 모든 사람이 비슷한 욕구의 계층을 갖고 있다고 보는 점에서 매슬로우(A. Maslow)의 이론을 계승하고 있다.

③ 동기부여 이론은 일반적으로 내용이론과 형식이론으로 분류된다.

④ 앨더퍼(C. Alderfer)의 ERG이론은 인간의 욕구를 계층화한 점에서는 매슬로우(A. Maslow)와 공통된 견해를 지니고 있다.

⑤ 허즈버그(F. Herzberg)의 욕구충족요인이원론은 인간에게 만족을 주는 요인과 불만족을 방지하는 요인은 서로 같은 차원이라고 본다.

---

01 ① 인간관계론은 비공식적 집단의 역할을 강조하지만, 과학적 관리론은 공식적 조직의 역할을 중시한다.

02 ③ 과학적 관리론에 대한 설명이다. 인간관계론에서 인간은 사회적 욕구에 의해서 동기가 부여된다고 본다.

03 ⑤ 현대조직이론은 조직발전을 위해 조직의 변동과 갈등의 조장 등을 활용한다.

04 ① 매슬로우(A. Maslow)의 욕구계층이론은 내용이론에 해당한다.
② 맥클리랜드(D. McClelland)는 사회문화적으로 학습된 욕구들을 성취욕구, 권력욕구, 친교욕구로 분류하였고, 성취욕구가 높을수록 생산성이 높아진다고 주장하였다.
③ 동기부여 이론은 일반적으로 내용이론과 과정이론으로 분류된다.
⑤ 허즈버그(F. Herzberg)의 욕구충족요인이원론은 인간에게 만족을 주는 요인과 불만족을 방지하는 요인은 상호 독립된 차원이라고 본다.

Answer 01. ① 02. ③ 03. ⑤ 04. ④

05 **허즈버그(F. Herzberg)의 동기 · 위생 2요인이론에 관한 설명으로 옳은 것은?** ^{2021 행정사}

① 인간의 욕구를 계층적 구조로 나누어 설명한다.

② 하위계층의 욕구가 충족되어야 상위계층의 욕구가 나타나기 시작한다.

③ 모든 욕구는 충족되면 동기부여로 이어진다.

④ 동기요인에는 보수, 신분보장, 작업조건, 대인관계 등이 포함된다.

⑤ 위생요인은 주로 생리적 욕구, 안전욕구 등을 만족시키는 요인들이다.

06 **허즈버그(F. Herzberg)가 제시한 위생요인이 아닌 것은?** ^{2020 행정사}

① 인정감　　　　　　　　② 봉급

③ 대인관계　　　　　　　④ 근무조건

⑤ 조직정책

07 **허즈버그(Herzberg)가 제시한 동기요인이 아닌 것은?** ^{2016 행정사}

① 성취감　　　　　　　　② 책임감

③ 보수　　　　　　　　　④ 인정감

⑤ 승진

08 공직봉사동기(public service motivation)에 관한 설명으로 옳지 않은 것은? 2025 행정사

① 신공공관리론의 내적 보상 위주의 동기부여에 반발하여 공공부문 종사자의 외재적 보상을 강조한다.

② 공공조직과 민간조직 종사자 간 동기의 차이를 전제로 한다.

③ 합리적 차원의 공직봉사동기는 공익 추구를 함으로써 자신의 이익도 극대화하려는 것이다.

④ 규범적 차원의 공직봉사동기는 국가에 충성하고 사회정의를 달성하고자 하는 것이다.

⑤ 감성적 차원의 공직봉사동기는 사회적으로 중요한 정책에 대한 몰입을 특징으로 한다.

05 ① 인간의 욕구를 계층적 구조로 나누어 설명하는 것은 매슬로우(Maslow)와 앨더퍼(Alderfer)다.
② 욕구충족이원론은 조직구성원에게 만족을 주는 요인(동기요인)과 불만족을 주는 요인(위생요인)은 상호 독립되어 있다고 주장한다.
③ 불만족의 반대는 만족이 아니라 불만족이 없는 상태로 보기 때문에 위생요인은 동기부여 요인이 아니라고 본다.
④ 동기요인은 만족을 느끼게 하는 심리적 요인으로서 직무 그 자체로 성취와 인정, 승진, 책임감, 개인적 성장과 발전 등을 말한다. 보수, 대인관계 등은 위생요인에 해당한다.

※ 욕구충족요인이원론[허즈버그(Herzberg)]
• 만족을 주는 요인(동기요인)과 불만족을 예방하는 요인(위생요인)은 상호 독립되어 있다고 주장
• 동기요인(만족요인) : 직무상의 성취, 성취에 대한 인정, 직무 내용, 책임감, 개인적 성장과 발전
• 위생요인(불만요인) : 조직의 정책과 행정, 감독, 임금, 대인관계, 작업조건
• 개인의 욕구 차이에 대한 충분한 고려가 없음, 불만 요인도 동기부여 요인이 될 수 있다는 비판이 있음

06 ① 인정감은 동기요인에 해당한다.

07 ③ 보수는 위생요인에 해당한다.

08 ① 신공공관리론의 외적 보상 위주의 동기부여에 반발하여 공공부문 종사자의 내재적 보상을 강조한다.

※ 공직봉사동기의 구분

개념 차원	특징
합리적 차원	• 정책형성 과정의 참여 • 공공정책에 대한 동일시 • 특정 이해관계에 대한 지지
규범적 차원	• 공익에 대한 봉사 욕구 • 의무와 정부 전체에 대한 충성 • 사회적 형평성 추구
감성적 차원	• 정책의 사회적 중요성에 기인한 정책에 대한 몰입 • 선의의 애국심

Answer 05. ⑤ 06. ① 07. ③ 08. ①

제3절 동기부여이론 : 과정이론

09 동기부여 과정이론은? 2018 행정사
① 브룸(V. Vroom)의 기대이론
② 매슬로우(A. Maslow)의 욕구 5단계론
③ 허즈버그(F. Herzberg)의 2요인 이론
④ 맥그리거(D. McGregor)의 XY이론
⑤ 맥클랜드(D. McClelland)의 성취동기이론

제4절 조직(행정)문화

10 조직문화에 관한 설명으로 가장 옳지 않은 것은?
① 조직문화는 조직구성원들에게 소속 조직원으로서의 정체성을 제공한다.
② 조직문화는 조직구성원들의 행동을 형성시킨다.
③ 조직이 처음 형성되면 조직문화는 조직을 묶어 주는 접착제 역할을 한다.
④ 조직이 성숙 및 쇠퇴 단계에 이르면 조직문화는 조직혁신을 촉진하는 요인이 된다.
⑤ 형식주의는 행정의 목표나 실적보다 형식과 절차를 더 중요시하는 목표대치를 조장한다.

제5절 조직 내 의사전달

11 조직의 의사전달에 대한 설명으로 옳지 않은 것은?
① 공식적 의사전달은 의사소통이 객관적이고 책임소재가 명확하다는 장점이 있다.
② 비공식적 의사전달은 의사소통 과정에서의 긴장과 소외감을 극복하고 개인적 욕구를 충족시킨다는 장점이 있다.
③ 공식적 의사전달은 조정과 통제가 곤란하다는 단점이 있다.
④ 참여인원이 적고 접근가능성이 낮은 경우 의사전달 체제의 제한성은 높다.
⑤ 비공식적 의사전달은 수직적 계층제에서 상관의 권위를 손상시킬 수 있다.

제6절 갈등

12 조직 내 갈등에 대한 설명으로 옳지 않은 것은?

① 과업의 상호의존성이 높은 경우 잠재적 갈등이 야기될 수 있다.

② 고전적 관점에서 갈등은 조직 효과성에 부정적인 영향을 끼친다고 가정한다.

③ 의사소통 과정에서 충분한 양의 정보도 갈등을 유발하는 경우가 있다.

④ 진행단계별로 분류할 때 지각된 갈등은 갈등이 야기될 수 있는 상황 또는 조건을 의미한다.

⑤ 자원의 희소성이 강할 때 갈등이 발생할 수 있다.

---

09 과정이론 : 기대이론[브룸(Vroom)], 목표설정이론[로크(Locke)], 형평(공정)이론[아담스(Adams)], 성과·만족이론[포터 & 롤러(Porter & Lawler)], 학습이론[강화이론, 스키너(Skineer)], 통로－목표이론[조고폴러스(Georgopoulos)]

10 ④ 조직이 성숙 및 쇠퇴 단계에 이르면 조직문화는 조직혁신을 저해하는 요인이 될 수 있다.

11 ③ 조정과 통제가 곤란한 것은 비공식적 의사전달의 특징이다.

공식적 의사전달 (공식조직 내에서 계층적 경로)	비공식적 의사전달 (친분, 상호신뢰 등 인간관계)
• 책임소재가 명확 • 상관의 권위 유지 • 정책결정에 활용이 용이 • 의사소통이 객관적 • 조정과 통제 용이 • 문서 명령과 예규의 제정 등은 상의하달에 의한 의사전달 방식	• 관리자에 대한 조언 기능 • 수직적 계층제에서 상관의 권위를 손상시킬 수 있음 • 신속한 전달 • 배후사정을 소상히 전달 • 긴장과 소외감을 극복하고 개인적 욕구를 충족 • 조정과 통제가 어려움 • 공식적 의사전달을 보완하지만 혼란을 줄 수 있음

12 ④ 잠재적 갈등에 대한 설명이다.
폰디(Louis Pondy)는 갈등이 '잠재적 갈등(갈등이 야기될 수 있는 상황 또는 조건) → 지각된 갈등 → 감정적으로 느끼는 갈등 → 표면화된 갈등 → 갈등의 결과'로 진행된다고 보았다.

Answer　09. ①　10. ④　11. ③　12. ④

제7절 권력(프렌치와 레이브)

13 프렌치와 레이브(French & Raven)이 주장하는 권력의 원천에 대한 설명으로 옳지 않은 것은?

① 합법적 권력은 권한과 유사하며 상사가 보유한 직위에 기반한다.
② 강압적 권력은 카리스마 개념과 유사하며 인간의 공포에 기반한다.
③ 전문적 권력은 조직 내 공식적 직위와 항상 일치하는 것은 아니다.
④ 준거적 권력은 자신보다 뛰어나다고 생각하는 사람을 닮고자 할 때 발생한다.
⑤ 보상적 권력은 다른 사람들에게 보상을 제공할 수 있는 능력에 기반을 둔 것이다.

제8절 리더십

14 리더십 행동이론에 관한 설명으로 옳은 것은? 2018 행정사

① 상황에 따라 리더십의 효과성이 달라진다는 시각에서 리더의 행동을 파악한다.
② 업무 특성과 리더십 스타일 사이의 관계에 초점을 둔다.
③ 리더로 적합한 사람을 선택하는 방법을 연구한다.
④ 리더의 자질을 가진 사람은 어떤 상황에서든 지도자가 될 수 있다고 주장한다.
⑤ 훈련에 의해 효과적인 리더를 양성할 수 있다고 주장한다.

15 거래적 리더십과 변혁적 리더십에 관한 설명으로 옳지 않은 것은? 2025 행정사

① 거래적 리더십은 조직 구성원의 보상을 통한 교환관계에서 형성된다.

② 거래적 리더십은 예외에 의한 관리를 추구한다.

③ 거래적 리더십은 지적 자극을 중시하고 변혁적 리더십은 개별적 배려를 중시한다.

④ 변혁적 리더십은 카리스마적 리더십을 기반으로 한다.

⑤ 변혁적 리더십은 구성원들에게 장기적 비전을 제시하여 열정을 고무시킨다.

13 ② 카리스마적 리더십은 리더의 특출난 성격과 능력으로 추종자들의 강한 헌신과 리더의 일체화를 이끌어내는 리더십으로, 준거적 권력과 유사하다.

14 ①, ② 상황론에 대한 설명이다.
③, ④ 특성론(자질론)에 대한 설명이다.

15 ③ 지적 자극과 개별적 배려 모두 변혁적 리더십의 특징이다.

※ 변혁적 리더의 특징
- 영감(inspirational motivation) : 변혁적 리더는 비전을 제시함으로써 추종자에게 영감을 주고 동기를 부여할 수 있는 능력을 가지고 있어야 한다.
- 이상적 영향(idealized influence, 카리스마적 리더십) : 변혁적 리더는 추종자의 이상적 롤 모델로서 추종자의 존경을 받는다. 이러한 특징은 카리스마적 리더십의 특징이기도 하다.
- 개별적 배려(individualized consideration) : 변혁적 리더는 추종자 발전시키기 위해 그들의 요구와 잠재력에 관심을 가져야 한다. 개인의 차이가 존중되고, 리더는 추종자의 개별적 관심을 알고 있어야 한다.
- 지적 자극(intellectual stimulation) : 변혁적 리더는 추종자에게 새로운 아이디어와 행동 방식을 독려하여, 창의적 사고를 가지게 한다.

Answer 13. ② 14. ⑤ 15. ③

16 다음 대화에서 요구되는 과장의 리더십은? 2017 행정사

> 국회 국정감사가 종료된 후 ○○부 ○○과의 국정감사 수감 결산 간담회가 열렸다. A과
> 장이 다른 업무로 불참한 상황에서 직속 상급자인 A과장의 리더십에 대해 과원들의 의
> 견이 표출되었다.
> B과원 : "과장님이 부하직원들을 좀 더 존중하고 배려하여 주시면 좋겠습니다. 일전에
> 　　　　제가 심한 몸살로 고생하며 근무했는데도 과장님이 한마디 위로도 안하셔서 서
> 　　　　운했습니다."
> C과원 : "일방적으로 지시만 하지 마시고 우리들이 창의성을 발휘하도록 지적인 자극을
> 　　　　주시면 좋을텐데…"
> D과원 : "무엇보다도 과장님이 우리 과의 새로운 비전을 제시하고 우리가 그것을 공유하
> 　　　　여 성취하도록 지도하시어 더욱 발전하였으면 합니다."

① 번스(Burns)와 바스(Bass)의 변혁적 리더십
② 블레이크(Blake)와 머튼(Mouton)의 관리망 이론 리더십
③ 피들러(Fiedler)의 상황적응적 리더십
④ 허쉬(Hersey)와 블랜차드(Blanchard)의 삼차원적 리더십
⑤ 유클(Yukl)의 다중연결모형 리더십

17 변혁적 리더십(transformational leadership)에 관한 설명으로 옳지 않은 것은? 2015 행정사

① 변화를 지향하고 체제 개방적이다.
② 영감과 비전 제시, 공유에 의한 동기유발을 중시한다.
③ 지도자와 부하들 간의 합리적 · 타산적 교환관계를 중시한다.
④ 기계적 관료제 구조보다는 임시체제에 더 적합하다.
⑤ 리더의 카리스마, 구성원에 대한 지적 자극, 인간적인 관계 등이 어우러져 나타난다.

제9절 조직구조

18 조직구조 설계 시 고려해야 할 기본 요소에 관한 설명으로 옳지 않은 것은? 2023 행정사

① 누구에게 보고하는지를 정하는 명령 체계

② 상관에게 보고하는 부하의 수를 의미하는 통솔 범위

③ 의사결정이 이루어지는 계층이 위치한 수준을 의미하는 집권과 분권

④ 문서화된 정도를 의미하는 공식화

⑤ 조직의 일차적 목표와 관련된 사업을 수행하는 참모와 이를 지원하는 계선

19 조직구조의 분권화가 요구되는 상황으로 옳지 않은 것은? 2022 행정사

① 규칙과 절차의 합리성·효율성에 대해 신뢰하고 있다.

② 조직이 속한 사회의 민주화가 촉진되고 있다.

③ 기술과 환경이 격동적으로 변화하고 있다.

④ 고객에게 신속하고 대응적인 서비스 요구가 증가하고 있다.

⑤ 조직구성원들의 참여 확대와 창의성 발현이 요구되고 있다.

---

16 ② 블레이크(Blake)와 머튼(Mouton)의 관리망 이론 리더십 : 무기력(impoverished)형, 친목(country Club)형, 임무(task)형, 중도(middle of the road)형, 단합(team)형이라는 기본적인 리더십 유형을 도출한다. 그중에서 단합형 리더십이 가장 이상적이라고 주장하였다.
③ 피들러(Fiedler)의 상황적응적 리더십 : 3가지 상황요인으로 '리더와 부하의 관계'·'직위권력'·'과업구조'를 제시하면서, 상황요인을 평가하여 그에 적합한 리더십의 유형을 과업지향형·인간관계지향형으로 구분하였다.
④ 허쉬(Hersey)와 블랜차드(Blanchard)의 삼차원적 리더십 : 인간관계중심적 행태와 임무중심적 행태라는 두 가지 차원의 리더십 유형 분류기준에 효율성 국면이라는 하나의 차원을 추가한 3차원적 모형을 정립하였다. 리더십 유형이 상황에 적합하면 효율적이고 적합하지 않으면 비효율적이라고 보았다.
⑤ 유클(Yukl)의 다중연결모형 리더십 : 리더십 이론 중 상황론으로 분류되며, 리더의 행동이 매개변수에 영향을 주고 이는 다시 조직의 성과에 영향을 준다고 보았다.

17 ③ 거래적 리더십에 대한 설명이다.

18 ⑤ 조직의 일차적 목표와 관련된 사업을 수행하는 계선과 이를 지원하는 참모

19 ① 조직구조의 분권화란 조직 하위 구성원에게 권한이 분산된 정도를 의미한다. 규칙과 절차의 합리성·효율성에 대해 신뢰하는 것은 분권화와 관련성이 없다.

Answer 　16. ①　17. ③　18. ⑤　19. ①

20 조직구조의 기본변수에 관한 설명으로 옳지 않은 것은? 2018 행정사

① 복잡성은 조직을 구성하는 기구의 분화 정도를 의미한다.

② 수평적 복잡성은 조직 내 수직적 계층의 수를 의미한다.

③ 업무수행의 규칙과 절차가 표준화될수록 조직구조의 공식성은 높아진다.

④ 공식화 정도가 높을수록 업무의 예측가능성이 높아진다.

⑤ 의사결정의 권한이 상위층에 집중된 경우 집권화된 조직이라고 한다.

21 기계적(mechanistic) 구조와 대비되는 유기적(organic) 구조의 조직 특성에 해당하는 것은? 2023 행정사

① 모호한 책임관계   ② 표준운영절차

③ 좁은 직무범위   ④ 계층제

⑤ 공식적/몰인간적 대면관계

22 조직구조의 기본변수 중 공식화(formalization)에 관한 설명으로 옳지 않은 것은? 2016 행정사

① 공식화는 조직 내에 규칙, 절차, 지시 및 의사전달이 명문화된 정도를 의미한다.

② 공식화 수준이 높은 경우, 조직 구성원들의 행동이 정형화되어 그들에 대한 통제가 어려워진다.

③ 공식화를 통해 업무처리상 혼란을 방지할 수 있다.

④ 조직환경이 안정적이고 조직규모가 클수록 공식화 수준이 높다.

⑤ 공식화 수준이 너무 높으면, 업무처리에 있어서 조직구성원의 자율성과 창의성이 저해되기도 한다.

제10절 고전적 조직구성 원리

23 조직구성 원리에 대한 설명으로 옳지 않은 것은?

① 분업의 원리 – 일은 가능한 한 세분해야 한다.

② 통솔범위의 원리 – 한 명의 상관이 감독하는 부하의 수는 상관의 통제능력 범위 내로 한정해야 한다.

③ 명령통일의 원리 – 여러 상관이 지시한 명령이 서로 다를 경우 내용이 통일될 때까지 명령을 따르지 않아야 한다.

④ 조정의 원리 – 권한 배분의 구조를 통해 분화된 활동들을 통합해야 한다.

⑤ 계층제의 원리 – 한 조직 내에서 유사한 업무를 묶어 여러 개의 하위기구를 만들 때 활용되는 것으로 기능부서화, 사업부서화, 지역부서화, 혼합부서화 등의 방식이 있다.

Chapter 03

20 ※ 조직의 복잡성
- 수평적 분화 : 조직의 횡적인 분화를 의미하며 수평적 분화가 심할수록 전문성을 가진 부서 간 커뮤니케이션과 업무협조가 어렵다.
- 수직적 분화 : 종적인 분화로서 책임과 권한의 계층적 분화를 의미한다.
- 공간적 분화 : 구성원과 물리적인 시설이 지역적으로 분산되어 있는 정도를 의미한다.

21 ※ 기계적 구조 vs 유기적 구조

구분	기계적 구조	유기적 구조
장점	예측가능성	적응성
조직특성	• 좁은 직무범위 • 표준운영절차 • 분명한 책임관계 • 계층제 • 공식적 · 몰인간적 대면관계	• 넓은 직무범위 • 적은 규칙 · 절차 • 모호한 책임관계 • 분화된 채널 • 비공식적 · 인간적 대면관계
상황조건	• 명확한 조직목표와 과제 • 분업적 과제 • 단순한 과제 • 성과측정이 가능 • 금전적 동기부여 • 권위의 정당성 확보	• 모호한 조직목표와 과제 • 분업이 어려운 과제 • 복합적 과제 • 성과측정이 어려움 • 복합적 동기부여 • 도전받는 권위

22 ② 공식화 수준이 높은 경우, 조직 구성원들의 행동이 정형화되어 그들에 대한 통제가 용이하다.

23 ③ 명령통일의 원리는 한 사람에게만 보고하고 지시를 받아야 한다는 원리이다.

Answer　　20. ②　　21. ①　　22. ②　　23. ③

제11절 데프트(Daft)가 제시한 조직구조 유형

24 **대프트(Daft)의 조직구조 유형에 관한 설명으로 옳은 것은?** 2025 행정사

① 네트워크 구조의 협력적 연계는 조직 간에서뿐만 아니라 조직 내에서도 형성될 수 있다.

② 수평구조는 변화가 적고 안정적인 상황에서 유리하다.

③ 매트릭스 구조는 이중구조로 인적 자원의 낭비를 초래할 수 있다.

④ 사업구조는 사업별 기능부서의 중복이 없어 효율적이다.

⑤ 기능구조는 권한이 분산되고 규칙과 절차가 유연하다.

25 **매트릭스 조직에 관한 설명으로 옳은 것은?** 2017 행정사

① 단일한 명령 및 보고체제를 갖고 있다.

② 하위조직 간 정보 흐름이 활성화된다.

③ 하위조직 간 할거주의가 발생할 경우 조정이 용이하다.

④ 불안정한 환경에 적절하게 대응하지 못한다.

⑤ 복잡한 의사결정을 하지 못한다.

26 **조직구조에 관한 설명으로 옳지 않은 것은?** 2017 행정사

① 수평구조는 수직적 계층과 부서 간 경계를 실질적으로 제거하고 의사소통을 원활하게 만든 유기적 구조이다.

② 네트워크 조직은 높은 독자성을 지닌 조직 단위나 조직들 간에 협력적 연계장치로 구성된 조직으로 조직행위자 간 상호의존성과 관계성이 중요시된다.

③ 사업구조는 특정 산출물별로 운영되므로 고객만족도 제고 및 성과관리에 유리하다.

④ 기계적 구조는 조직의 외부환경이 안정적일 때 채택되며, 의사결정 집권화, 규칙과 절차 준수, 명확한 업무구분이 특징이다.

⑤ 학습조직은 시행착오나 실패를 두려워하여 철저한 사전 준비를 통해 시행착오나 실패의 제로(zero)를 추구한다.

27 **매트릭스 조직에 관한 설명으로 옳지 않은 것은?** 2015 행정사

① 인력 활용의 측면에서 비용 부담이 크다.

② 신축성과 적응성이 요구되는 불안정하고 급변하는 조직 환경에 효과적인 조직이다.

③ 각 분야의 전문가들 간 수평적 의사소통을 통해 다양한 아이디어가 제시된다.

④ 매트릭스 조직의 사례로 대규모 기업의 사업부제 시스템 등을 들 수 있다.

⑤ 기능구조와 사업구조의 결합을 시도하는 조직이며, 행렬조직이라고도 한다.

---

24 ② 수평구조는 유기적 조직으로 불확실성이 높은 상황에 적합하다. 다음 표는 환경의 불확실성과 관련한 데프트의 설명이다.

		환경의 복잡성	
		단순	복잡
환경의 변화	안정	낮은 불확실성	다소 낮은 불확실성
	불안정	다소 높은 불확실성	높은 불확실성

③ 매트릭스 구조는 기존 조직구조 내의 인력을 활용할 수 있기 때문에 인력사용에 경제성을 확보할 수 있다.
④ 사업구조는 각 사업부에서 인사·마케팅 등을 개별적으로 운영하기 때문에 중복으로 인한 비효율이 발생할 수 있다.
⑤ 기능구조는 권한이 집중되고 규칙과 절차가 경직적이다.

25 ① 동시에 두 명의 상관에게 보고하는 이원적 권한체계를 가지므로, 명령통일의 원리에 부합하지 않는다.
③ 하위조직 간 할거주의가 발생할 경우 조정이 어렵다.
④ 불안정한 환경에 탄력적으로 대응할 수 있다.
⑤ 복잡한 의사결정이 가능하다.

26 ⑤ 학습조직은 구성원들과 함께 배우고 변화하는 조직학습에 유리한 조건을 구비한 조직을 의미한다. 시행착오나 실패를 통해 학습할 수 있다.

27 ① 매트릭스 조직은 기존 조직구조 내의 인력을 활용할 수 있기 때문에 인력사용에 경제성을 확보할 수 있다.

Answer 24. ① 25. ② 26. ⑤ 27. ①

28 우리나라 공공조직의 팀제(team system)에 관한 설명으로 옳지 않은 것은? ^{2014 행정사}

① 조직의 인력을 신축적으로 운영하고, 실무 차원에서 팀장 및 팀원의 권한을 향상시킨다.

② 조직구성원들의 신속한 의사결정을 저해시킨다.

③ 팀제를 통해 조직구성원의 참여를 제고시키고 개인적 의견반영이 용이하다.

④ 조직의 경직성을 탈피하고 팀 내 전문능력 및 기술을 활용하게 한다.

⑤ 종전 수직적 조직을 수평적 조직으로 전환해 전략적 업무를 수행하는 조직에 적합하다.

제12절 기술

29 기술과 조직구조의 관계에 대한 페로우(Perrow)의 설명으로 옳지 않은 것은?

① 정형화된(routine) 기술은 공식성 및 집권성이 높은 조직구조와 부합한다.

② 비정형화된(non-routine) 기술은 부하들에 대한 상사의 통솔범위를 넓힐 수밖에 없을 것이다.

③ 공학적(engineering) 기술은 문제의 분석가능성이 높다.

④ 기예적(craft) 기술은 대체로 유기적 조직구조와 부합한다.

⑤ 페로우는 기술을 과업의 다양성과 분석 가능성에 따라서 네 가지 유형으로 구분하였다.

제13절 관료제

30 관료제의 특징으로 옳지 않은 것은? ^{2021 행정사}

① 분업구조

② 계층구조

③ 문서화된 법규

④ 실적주의

⑤ 정의적(personal) 업무 처리

31 베버(M. Weber)가 제시한 관료제의 특징으로 옳지 않은 것은? 2020 행정사

① 합법적으로 제정한 법규에 근거를 두고 운영된다.

② 권한과 책임이 명백한 계층제 구조로 이루어진다.

③ 관료는 임무수행을 구두가 아니라 문서로 한다.

④ 임무수행에 필요한 전문적 훈련을 받은 사람들이 관료로 채용된다.

⑤ 임무수행은 인격성(personality)과 비합리성이 중시된다.

---

28 ② 팀제는 조직구성원들의 신속한 의사결정을 가능하게 한다.

29 ② 비정형화된 기술은 다수의 예외상황 등으로 인하여 상사의 통솔범위가 좁다.

※ **페로우(Perrow)의 기술유형**

구분		과업의 다양성	
		소수의 예외	다수의 예외
분석 가능성	낮음	장인 기술 (대체로 유기적 구조와 적합)	비일상적 기술 (유기적 구조와 적합)
	높음	일상적 기술 (기계적 구조와 적합)	공학적 기술 (대체로 기계적 구조와 적합)

30 ⑤ 관료제에서는 업무 처리를 할 때 융통성 없는 엄격한 규정을 적용하는 비정의성(impersonality)이 특징이다.

※ **관료제의 특징**

의미	• 권위의 유형을 전통적 권위, 카리스마적 권위, 법적·합리적 권위로 나누었는데 근대적 관료제는 법적·합리적 권위에 기초를 두고 있다고 주장 • 능률성을 극대화할 수 있는 조직을 이념형 관료제라고 설정하여, 전근대적 봉건적 조직 원리와 구별함
법규에 의한 권위구조	모든 직위의 권한과 관할범위는 법규에 의하여 규정된 수직적·계층제적 구조를 가짐
계층제적 구조	엄격한 계층제의 원리에 따라 운영되고 상명하복의 질서정연한 체계
문서에 의한 업무 처리	• 조직 내의 모든 업무는 문서로 처리하는 것이 원칙 • 조직의 목표달성을 위해 필요한 절차와 방법이 기록된 문서화된 규정
몰인격성(비개인성)	관료들의 임무수행은 개인적 이익이나 구체적인 사정 등을 고려하지 않고, 규정에 의해 수행
전문화와 전임화	• 관료는 업무수행에 필요한 전문적인 자격과 능력으로 채용되며, 원칙적으로 상관이 임명 • 업무에 대한 지식을 가진 전문적인 관료가 분업의 원리에 따라 규정된 기능을 수행하며, 관료로서 일생 동안의 전임직업 • 관료는 계급과 근무연한에 따라 고정된 보수와 연금을 받으며, 관료를 승진시킬 때에는 근무연한을 고려
조직의 계속성	관료제는 사회의 기능수행에 필요한 서비스의 제공을 통하여 계속성을 유지

31 ⑤ 임무수행은 비인격성(impersonality)과 합리성이 중시된다.

Answer 　28. ②　29. ②　30. ⑤　31. ⑤

32 막스 베버(M. Weber)가 제시한 관료제에 관한 설명으로 옳지 않은 것은? 2018 행정사

① 계층제의 원리를 근간으로 한다.

② 업무수행에 필요한 전문성을 강조한다.

③ 합법적 권위로부터 관료제의 정당성을 찾는다.

④ 개인성(personality)을 고려한 업무처리를 강조한다.

⑤ 규칙과 절차의 강조로 형식주의(red tape)와 같은 역기능이 초래된다.

33 공공조직에서 막스 베버(M. Weber)가 제시한 관료제의 주요 특징에 해당되지 않는 것은?
2014 행정사

① 업무의 분업구조 속에서 직무에 대한 권한과 관할범위의 규정

② 조직형태에 있어서 명확한 계서제적 구조

③ 권한 및 업무에 있어서 자의성과 개인적 선호가 배제된 문서화된 법규

④ 비개인성(Impersonality)을 배제한 업무수행

⑤ 업무에 있어서 조직구성원의 전문화와 전임화

제14절 탈관료제(애드호크라시)

34 학습조직에 관한 설명으로 옳지 않은 것은? 2023 행정사

① 리더의 사려 깊은 리더십이 요구된다.

② 구성원의 권한강화를 강조한다.

③ 수평적 구조의 팀으로 구성된다.

④ 전체보다 부분을 중시한다.

⑤ 조직구성원은 조직의 공식자료에 접근할 수 있어야 한다.

35 기계적 조직과 학습조직의 특성에 관한 내용으로 옳지 않은 것은? 2022 행정사

① 기계적 조직은 위계적·경직적 조직문화를 갖는 데 비해 학습조직은 적응적 조직문화를 갖는다.
② 기계적 조직은 조직원의 재량과 책임을 중시하나 학습조직은 조직원 과업을 상세히 규정한 표준화·분업화에 의해 수행한다.
③ 기계적 조직은 경쟁을 중시하나 학습조직은 협력을 중시한다.
④ 기계적 조직은 수직적 구조이나 학습조직은 수평적 구조를 지향한다.
⑤ 기계적 조직은 정보가 최고관리층에 집중되는 반면에 학습조직은 조직원들에게 공유된다.

36 지식정보화 시대에 필요한 학습조직의 특징을 설명한 것으로 옳지 않은 것은? 2013 행정사

① 학습조직은 자신과 다른 사람의 경험 및 시행착오를 통한 학습활동을 높게 평가한다.
② 학습조직은 불확실한 환경에서 조직 스스로 문제해결을 할 수 있도록 조직구성원에게 권한 강화와 학습기회를 제공한다.
③ 학습조직은 결정과 기획 등 핵심기능만 남기고 기타 집행사업기능을 각각 전문 업체에 위탁경영하여 일을 수행하는 조직이다.
④ 학습조직은 변화를 위한 학습역량 함양을 통해 미래 행동의 기반을 구축한다.
⑤ 학습조직은 관계지향성과 집합적 행동을 장려한다.

---

32 ④ 비개인성(impersonality) : 개인적 이익이나 구체적인 사정 등을 고려하지 않고, 규정에 의해 수행한다.

33 ④ 비개인성(Impersonality)은 관료들의 임무수행은 개인적 이익이나 구체적인 사정 등을 고려하지 않고, 규정에 의해 수행하는 것을 의미하는데, 관료제의 특징에 해당한다.

34 ④ 학습조직은 구성원들과 함께 배우고 변화하는 조직학습에 유리한 조건을 구비한 조직으로 부분보다 전체를 중시한다.

35 ② 학습조직은 조직원의 재량과 책임을 중시하나 기계적 조직은 조직원 과업을 상세히 규정한 표준화·분업화에 의해 수행한다.

36 ③ 네트워크 조직에 대한 설명이다.

Answer 32. ④ 33. ④ 34. ④ 35. ② 36. ③

제15절 조직유형론

37 민츠버그(Mintzberg)가 제시한 조직유형이 아닌 것은?

① 기계적 관료제

② 애드호크라시(adhocracy)

③ 사업부제 구조

④ 홀라크라시(holacracy)

⑤ 전문적 관료제

제16절 우리나라 정부조직

38 다음 중앙행정조직위원회 중 소속을 달리하는 위원회는? 2024 행정사

① 공정거래위원회

② 국민권익위원회

③ 금융위원회

④ 방송통신위원회

⑤ 원자력안전위원회

39 현재 우리나라 정부조직에 해당하지 않는 것은? 2024 행정사

① 고위공직자범죄수사처

② 국가보훈처

③ 여성가족부

④ 재외동포청

⑤ 질병관리청

37　④ 민츠버그는 조직유형을 단순구조, 기계적 관료제, 전문적 관료제, 사업부제, 애드호크라시로 구분하였다.

구분	단순구조	기계적 관료제	전문적 관료제	사업부제	애드호크라시
강조된 부분	최고관리층	기술구조	핵심운영층	중간계선	지원참모
조정 방법	직접적 감독	작업과정의 표준화	작업기술의 표준화	산출의 표준화	상호조절
구조적 특징	• 낮은 분화·공식화 • 높은 집권화 • 유기적이고 융통성 있는 조직 등	• 높은 분화·전문화 • 기술구조에 대한 수평적 분권화 • 의사결정의 수직적 집권화 • 낮은 융통성	• 높은 수평적 분화 • 작업자의 높은 전문성 • 높은 수직적·수평적 분권화	제한된 수직적 분권화 조직	선택적 분권화 조직
환경	단순하고 동태적인 환경	단순하고 안정적인 환경	복잡하고 안정적인 환경	단순하고 안정적인 환경	복잡하고 동태적인 환경
예시	신설된 행정조직	대량생산업체	종합병원	합병으로 설립된 기업	광고회사

38　④ 방송통신위원회는 '대통령 소속'이고, 나머지 위원회는 '국무총리 소속'이다.

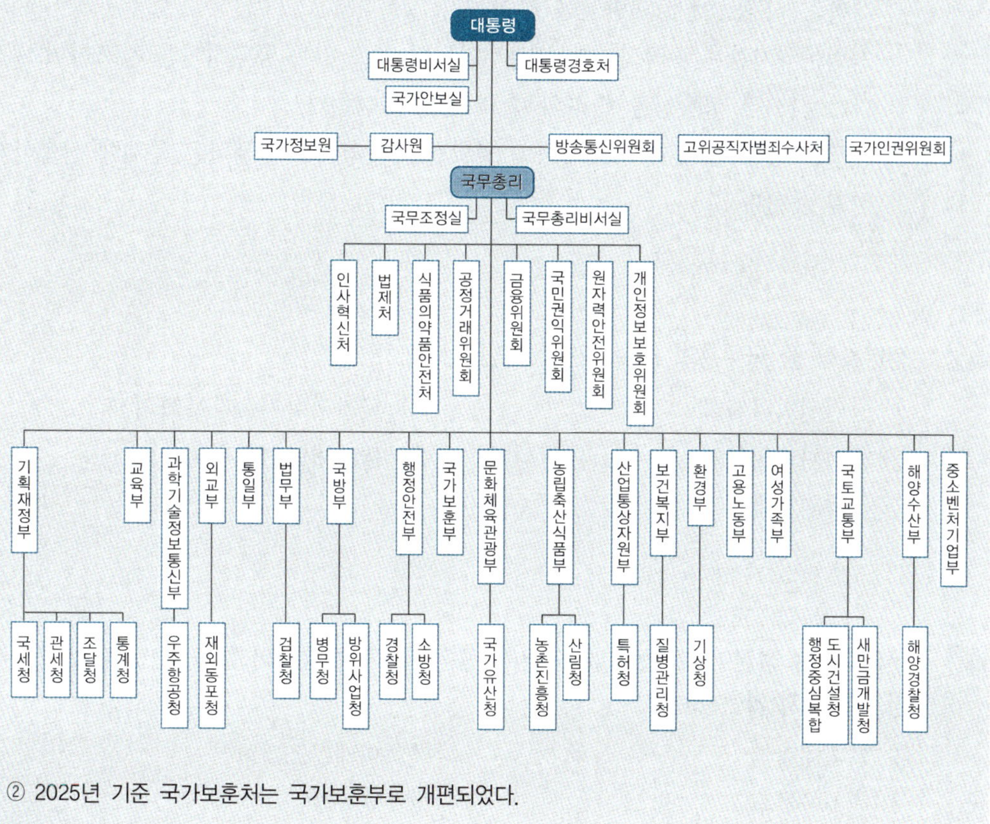

39　② 2025년 기준 국가보훈처는 국가보훈부로 개편되었다.

Answer　37. ④　38. ④　39. ②

40 정부조직체계에서 청 단위기관과 소속부처의 연결로 옳은 것을 모두 고른 것은? 2022 행정사

> ㄱ. 기상청 − 환경부 ㄴ. 방위사업청 − 산업통상자원부
> ㄷ. 소방청 − 행정안전부 ㄹ. 특허청 − 기획재정부
> ㅁ. 해양경찰청 − 국방부

① ㄱ, ㄷ ② ㄱ, ㄹ ③ ㄴ, ㄹ
④ ㄴ, ㅁ ⑤ ㄷ, ㅁ

41 행정조직에 관한 설명으로 옳은 것은? 2021 행정사

① 위원회 조직은 결정권한의 최종 책임이 기관장 한 사람에게 집중되어 있는 조직이다.
② 방송통신위원회, 공정거래위원회와 같은 행정위원회는 결정권한을 갖고 있으며 집행까지 책임을 진다.
③ 책임운영기관은 중앙통제 중심의 관료제적 성격을 갖는 조직으로 실제 일을 맡아 집행하는 사람들에게 재량권을 부여하지 않는다.
④ 책임운영기관은 수익성보다는 정부기능이 갖고 있는 공익성만을 강조하며, 효율성보다는 사회적 형평성을 관리의 주요 가치로 삼는다.
⑤ 애드호크라시는 현대의 복잡하고 불확실한 환경에서 발생하는 문제에 신속하게 대응하지 못한다.

42 정부조직 중 국무총리 소속기관이 아닌 것은? 2019 행정사

① 국민권익위원회 ② 국가과학기술자문회의
③ 공정거래위원회 ④ 원자력안전위원회
⑤ 금융위원회

43 우리나라는 정권이 교체될 때마다 일부 중앙부처가 변경되어 왔다. 현 정부의 중앙부처 명칭으로 옳지 않은 것은?

① 기획재정부 ② 미래창조과학부
③ 행정안전부 ④ 교육부
⑤ 해양수산부

44 현행 감사원법상 회계검사기관인 감사원에 관한 설명으로 옳지 않은 것은? 2013 행정사

① 감사원은 국가의 세입·세출의 결산과 공무원직무에 관한 감찰을 위해 대통령 소속하에 설치된 기관이다.

② 감사원은 직무에 관해 독립된 지위를 유지하며 그 직무수행상 정치적 압력이나 간섭을 받지 않는 특징이 있다.

③ 감사원장은 국회의 동의를 얻어 대통령이 임명하며, 감사위원의 경우는 감사원장의 제청으로 역시 대통령이 임명한다.

④ 감사원장의 임기는 4년이며, 원장을 포함해 9인의 감사위원으로 구성한다.

⑤ 감사원은 감사절차 및 내부 규율과 감사사무처리에 관한 규칙을 제정할 수 있다.

---

40 ㄴ. 방위사업청 − 국방부
ㄹ. 특허청 − 산업통상자원부
ㅁ. 해양경찰청 − 해양수산부

41 ① 위원회 조직은 복수인으로 구성되는 합의제 기관이다.

위원회 구분	권한	예시	특징
행정위원회	의사결정의 구속력 + 집행권	공정거래위원회, 국민권익위원회 등	독립지위를 가진 행정관청
의결위원회	의사결정의 구속력	정부공직자윤리위원회, 기관별 징계위원회 등	−
자문위원회	둘 다 ×	자치분권위원회 등	참모기관

③ 책임운영기관은 책임운영기관의 장에게 재정상의 자율성을 부여하고 그 운영 성과에 대하여 책임을 지도록 하는 행정기관이다.
④ 책임운영기관은 정부가 수행하는 사무 중 공공성을 유지하면서도 경쟁 원리에 따라 운영하는 것이 바람직하거나 전문성이 있어 성과관리를 강화할 필요가 있는 경우에 설치하는 기관이다.
⑤ 애드호크라시는 고도의 창의성과 환경 적응성이 필요한 상황에서 유효한 임시조직으로 현대의 복잡하고 불확실한 환경에서 발생하는 문제에 신속하게 대응할 수 있다.

42 ② 국가과학기술자문회의는 중앙행정기관이 아니다.

43 ② 미래창조과학부는 박근혜 정부의 조직으로 현재는 존속하지 않는다.

44 ④ 감사원장의 임기는 4년이며, 원장을 포함해 7인의 감사위원으로 구성한다.

Answer　　40. ①　　41. ②　　42. ②　　43. ②　　44. ④

제17절 공기업

45 정부가 도입한 책임운영기관에 관한 설명으로 옳지 않은 것은? 2019 행정사

① 기관의 지위에 따라 소속책임운영기관과 중앙책임운영기관으로 구분된다.

② 우리나라는 책임운영기관의 설치·운영에 관한 법률 등에 의해 운영되고 있다.

③ 정부가 사업적·집행적 성격이 강한 기관을 분리시켜 유연한 경영방식을 도입한 것이다.

④ 기관장에게 재량권을 부여하여 자율적인 경영과 그 성과에 대한 책임을 지게 한다.

⑤ 예산편성 및 집행상의 자율권을 확보하기 위하여 특별위원회를 두며, 예산의 전용·이월 등이 허용되지 않는다.

46 우리나라 책임운영기관에 관한 설명으로 옳지 않은 것은? 2017 행정사

① 경영의 자율성이 부여되는 대신 성과에 대한 책임이 요구된다.

② 우리나라 책임운영기관에는 국립중앙극장, 국립현대미술관, 경찰병원 등이 있다.

③ 책임운영기관의 회계는 특별회계로 하여 예산 운영상의 자율성을 보장하여야 한다.

④ 책임운영기관의 장은 공모를 통해 임기제공무원으로 임용된다.

⑤ 사업적·집행적 성격의 행정서비스 비율이 높은 사무에 적합하다.

47 우리나라 책임운영기관에 관한 설명으로 옳은 것은? 2020 행정사

① 2009년 이명박 정부에서 처음으로 도입되었다.

② 조직, 예산 등의 운영상 자율성이 책임운영기관장이 아닌 주무부처 장관에게 부여되어 있다.

③ 중앙책임운영기관으로 특허청이 있다.

④ 소속책임운영기관에 대한 종합평가는 기획재정부가 주관한다.

⑤ 소속책임운영기관과 소속중앙행정기관 간 공무원의 인사교류는 불가능하다.

제18절 조직의 목표

48 조직목표 변동에 관한 설명으로 옳지 않은 것은? 2020 행정사

① 원래의 목표가 다른 목표로 전환되는 것이 목표의 대치 또는 전환이다.

② 목표가 달성되었거나 달성이 불가능한 경우 본래의 목표를 새로운 목표로 교체하는 것이 목표의 승계이다.

③ 동종목표의 수 또는 이종목표가 늘어나는 것이 목표의 추가이다.

④ 동종 또는 이종 목표의 수나 범위가 줄어드는 것이 목표의 축소이다.

⑤ 미헬스(R. Michels)의 과두제 철칙(iron law of oligarchy)은 목표의 추가 현상을 설명한 것이다.

---

45 ⑤ 예산편성 및 집행상의 자율권을 보장하기 위하여 책임운영기관의 기관장은 예산의 전용과 이월을 할 수 있다. 책임운영기관운영위원회를 둔다.

46 ③ 책임운영기관에 대해서 별도의 특별회계를 두지 않는다. 특별회계를 두는 것은 정부기업예산법에 따른 정부기업에 해당한다. 정부기업이란 기업형태로 운영하는 우편사업, 우체국예금사업, 양곡관리사업 및 조달사업을 말한다.

47 ① 우리나라는 김대중 정부 시기인 1999년에 책임운영기관의 설치·운영에 관한 법률이 제정되어 2000년에 국립중앙과학관 등 10개 기관을 책임운영기관으로 지정하였다.
② 조직, 예산 등의 운영상 자율성이 책임운영기관장에게 부여되어 있다.
④ 소속책임운영기관에 대한 종합평가는 행정안전부장관 소속의 책임운영기관운영위원회가 한다.
⑤ 인사교류를 실시할 수 있다.

48 ⑤ 미헬스(R. Michels)의 과두제 철칙(iron law of oligarchy)은 목표의 대치 현상을 설명한 것이다.

※ 조직목표의 변동
• 목표 간의 비중 변동 : 여러 개의 조직목표가 있는 경우 상대적인 비중을 변화
• 목표의 다원화 또는 확대 : 조직목표 달성이 어려울 때 기존 목표에 새로운 목표를 추가하거나 기존 목표의 범위가 넓어지는 것
• 목표의 승계 : 본래 조직목표를 완전히 달성하거나 달성할 수 없을 때, 같은 유형의 다른 목표로 교체하는 것
• 목표의 전환 및 대치 : 본래 조직목표 달성이 어려울 때 기존 목표를 새로운 목표로 전환하는 것으로 목표의 전환과 대치는 유사한 의미로 사용되나, 목표의 대치는 원래의 목표가 수단으로 뒤바뀌는 것으로 미헬스의 과두제의 철칙에 가장 부합하는 조직목표 변동

Answer　　45. ⑤　　46. ③　　47. ③　　48. ⑤

제19절 관리과정

49 공공부문에서 성과관리 도구로서 균형성과표(BSC, Balanced Scorecard)에 관한 설명으로 옳지 않은 것은? 2014 행정사

① 거시적·장기적 측면의 조직문화 형성보다는 순익과 같은 미시적·단기적 목표와 계획 및 전략에 초점을 둔다.

② 성과평가에 구성원의 역량이나 고객의 신뢰를 포함시킬 것을 강조한다.

③ 과정과 결과 및 조직 내·외부적 관점 중 어느 하나보다는 통합적 균형을 추구한다.

④ 성과관리를 위해 조직을 유기적 시스템으로 간주하여 상·하 또는 수평적 연계성을 강조하는 조직 전체적 시각에 관심을 둔다.

⑤ 기존의 성과관리와 마찬가지로 성과지표와 전략과의 연계를 그대로 받아들인다.

제20절 조직(행정)개혁

50 감수성 훈련 등을 통해 관료의 가치관, 신념, 태도의 변화를 유도하는 행정개혁의 접근방법은? 2023 행정사

① 과정적 접근방법

② 구조적 접근방법

③ 행태적 접근방법

④ 통합적 접근방법

⑤ 사업중심적 접근방법

49 ① 거시적·장기적 측면과 미시적·단기적 목표와 계획 및 전략의 균형을 강조한다.

50

조직(행정) 개혁이란?	• 조직을 개선하기 위한 인위적·의식적·계획적인 노력 • 포괄적 연관성: 조직관리의 기술적인 속성과 함께 권력투쟁, 타협, 설득이 병행되는 정치적·사회심리적 과정으로, 행정 내부·외부와 상호 연결되어 있음 • 동태성: 시간의 흐름에 따라 일어나는 현상으로 의도하지 않은 결과를 초래할 수도 있으며, 부작용과 저항, 나아가 개혁의 실패까지도 나타날 수 있음 • 지속성: 개혁집단에 의해 주도되어 집행되는 연속적인 과정으로, 제도로서 정착되기 위해서는 장기적이고 지속적인 노력이 필요 • 목표지향성: 설정된 목표를 달성하기 위한 인위적·의식적·계획적인 과정
조직개혁의 접근방법	• 구조적 접근: 명령계통 수정, 통솔 범위 조정, 분권화 수준 조정 등 • 과정적 접근: 의사전달, 정보관리 등 조직 내의 과정 또는 일의 흐름을 개선 • 행태적 접근: 인간의 태도와 행동을 개선하려는 것으로 조직발전이 대표적임 **조직발전** • 조직개혁의 행태적 접근방법으로, 지속적이고 장기적인 노력이 필요하며, 조직 내·외부의 컨설턴트를 참여시켜 개혁추진자를 맡게 해야 함 • 조직발전 기법 　－ 실험실 훈련(laboratory training) ＝ 감수성 훈련 또는 T－집단 훈련: 피훈련자 간의 자유로운 토론을 통해 자기에 대한 인식과 타인에 대한 이해의 기회를 갖게 하여, 대인관계기술을 향상시키는 교육 　－ 직무풍요화(job enrichment): 직무를 맡는 사람의 책임성과 자율성을 높이고 직무수행에 관한 환류를 원활히 함, 수직적 전문화의 수준이 낮아짐 　－ 직무확장(job enlargement): 기존의 직무에 수평적으로 연관된 직무요소 또는 기능들을 추가하는 수평적 직무재설계 방법으로서, 수평적 전문화의 수준이 낮아짐 • 문화적 접근: 행정문화를 개혁하여 행정체제의 보다 근본적이고 장기적인 개혁을 성취하려는 접근 • 사업(산출)중심적 접근: 조직의 사업 또는 산출의 개선이 목표 • 통합적 접근(체계적이고 종합적인 접근): 구조와 인간, 환경의 문제를 체제로 파악하고 상호관련성을 고려하는 접근
조직개혁의 저항과 극복	• 저항의 원인: 개혁에 대한 조직 간 갈등, 현상유지적 조직문화 등 • 저항의 극복 　－ 강제적 방법: 직접적인 위협이나 권력행위를 사용하는 방법으로, 큰 저항을 야기할 위험이 있음, 명령, 제재, 긴장조성, 권력구조 개편 등 　－ 공리적·기술적 방법: 보상을 제공하여 저항을 극복하는 전략으로 개혁의 시기 조절, 경제적 손실에 대한 보상, 임용상 불이익 방지 등 　－ 규범적·사회적 방법: 구성원들의 인식이나 가치관을 변화시켜 저항을 극복하는 가장 근본적인 방법, 개혁지도자의 신망 개선, 의사전달과 참여의 활성화, 사명감 고취와 자존적 욕구의 충족, 교육훈련, 자기계발 기회 제공 등

Answer　49. ①　50. ③

51 행정개혁의 접근방법 중 조직의 상징체계, 신화, 의례를 바꾸고 그에 따라 조직구성원의 행동양식과 관행 그리고 신념을 혁신하고자 하는 것은? 2021 행정사

① 구조적 접근방법

② 과정적 접근방법

③ 기술적 접근방법

④ 조직문화 접근방법

⑤ 행태적 접근방법

52 행정개혁의 접근방법에 관한 설명으로 옳은 것은? 2020 행정사

① 구조적 접근방법은 행태과학의 지식과 기법을 활용한다.

② 과정적 접근방법이 관심을 갖는 개혁대상은 분권화의 수준개선과 조직의 기능이다.

③ 과정적 접근방법은 바람직한 문화변동을 추진한다.

④ 구조적 접근방법이 갖는 관심은 통솔범위의 조정, 권한배분의 개편 등을 대상으로 한다.

⑤ 통합적 접근방법은 폐쇄체제에 입각하여 개혁대상을 포괄적으로 관찰하는 것이다.

53 행정개혁의 구조적 접근방법에 관한 설명으로 옳지 않은 것은? 2022 행정사

① 행정체계의 구조적 설계를 개선함으로써 행정개혁의 목표를 달성하려는 접근방법이다.

② 분권화 수준의 개선, 권한배분의 개편, 명령계통의 수정, 작업집단의 설계 등을 추진한다.

③ 주된 목표는 기능중복의 제거 및 표준적 절차의 간소화 등이다.

④ 조직의 분권화를 통해 조직계층의 단순화, 명령과 책임 등을 명확히 할 수 있다.

⑤ 공무원의 의식개혁, 업무자세 및 태도 개선 등에 초점을 맞춘다.

54 고전적 조직이론에 입각하여 조직의 명령계통, 통솔의 범위, 기능배분, 권한과 책임의 한계 등을 주요 대상으로 하는 행정개혁의 접근방법은? 2014 행정사

① 구조적 접근방법

② 과정적 · 기술적 접근방법

③ 종합적 접근방법

④ 인간관계론적 접근방법

⑤ 행태적 접근방법

---

51 ④ 조직문화 접근방법에 대한 설명이다. 조직문화 접근방법은 행정문화를 개혁함으로써 보다 근본적이고 장기적인 행정체제 개혁을 성취하려는 접근방법이다.

52 ① 행태적 접근방법에 대한 설명이다.
② 구조적 접근방법에 대한 설명이다.
③ 문화적 접근방법에 대한 설명이다.
⑤ 통합적 접근방법은 개방체제에 입각하여 개혁대상을 포괄적으로 관찰하는 것이다.

53 ⑤ 공무원의 의식개혁, 업무자세 및 태도 개선 등은 행태적 접근방법에 대한 설명이다.

54 ② 과정적 · 기술적 접근 : 의사전달, 정보관리 등 조직 내의 과정 또는 일의 흐름을 개선
③ 종합적 접근 : 구조와 인간, 환경의 문제를 체제로 파악하고 상호관련성을 고려하는 접근
⑤ 행태적 접근 : 인간의 태도와 행동을 개선하려는 것으로 조직발전이 대표적임
★ 인간관계론적 접근은 행정개혁의 일반적인 방법은 아니다.

Answer   51. ④   52. ④   53. ⑤   54. ①

55 공공조직 업무개선을 위해 정보통신기술을 활용한 리엔지니어링(reengineering)에 관한 설명으로 옳지 않은 것은? 2014 행정사

① 조직 내 부서별 고도 분업화에 따른 폐단을 극복하기 위한 방안으로 등장하였다.

② 리엔지니어링의 궁극적인 목적은 성과향상과 고객만족의 극대화에 있다.

③ 리엔지니어링에는 조직 및 인력감축이 필수적이다.

④ 리엔지니어링은 프로세스의 변화뿐만 아니라 조직구조나 문화 등 다양한 측면에서의 변화가 요구된다.

⑤ 공공서비스의 비분할성 및 비경합성 등과 같은 특징으로 인해 리엔지니어링 추진이 쉽지 않다.

56 행정개혁의 저항을 극복하기 위한 규범적·사회적 전략으로 옳은 것을 모두 고른 것은?

2022 행정사

ㄱ. 의사전달과 참여의 확대
ㄴ. 개혁의 공공성에 대한 홍보
ㄷ. 사명감 고취와 역할 인식 강화
ㄹ. 권력구조 개편과 긴장 조성
ㅁ. 신분보장과 경제적 보상
ㅂ. 가치갈등 해소

① ㄱ, ㄴ, ㄹ   ② ㄱ, ㄷ, ㅂ
③ ㄴ, ㄷ, ㅁ   ④ ㄴ, ㄹ, ㅁ
⑤ ㄷ, ㅁ, ㅂ

57 행정개혁 저항에 대한 사회적·규범적 극복방안으로 옳은 것을 모두 고른 것은? _{2019 행정사}

> ㄱ. 교육훈련
> ㄴ. 임용상 불이익 방지
> ㄷ. 경제적 보상
> ㄹ. 긴장 조성
> ㅁ. 의사소통과 참여 촉진

① ㄱ, ㄹ
② ㄱ, ㅁ
③ ㄴ, ㄷ
④ ㄴ, ㄹ
⑤ ㄷ, ㅁ

---

55 ③ 리엔지니어링은 조직의 능률성과 효과성을 개선하기 위하여, 고객을 중심으로 완전히 새롭게 생각하고 핵심 업무 프로세스를 급진적으로 변화시키는 전략이다. 조직 및 인력감축이 필수적으로 수반되지는 않는다.

56 ㄹ. 강제적 방법
ㄴ, ㅁ. 공리적·기술적 방법

※ 조직개혁의 저항과 극복
• 저항의 원인: 개혁에 대한 조직 간 갈등, 현상유지적 조직문화 등
• 저항의 극복
  − 강제적 방법: 직접적인 위협이나 권력행위를 사용하는 방법으로, 큰 저항을 야기할 위험이 있음, 명령, 제재, 긴장조성, 권력구조 개편 등
  − 공리적·기술적 방법: 보상을 제공하여 저항을 극복하는 전략으로 개혁의 시기 조절, 경제적 손실에 대한 보상, 임용상 불이익 방지 등
  − 규범적·사회적 방법: 구성원들의 인식이나 가치관을 변화시켜 저항을 극복하는 가장 근본적인 방법, 개혁지도자의 신망 개선, 의사전달과 참여의 활성화, 사명감 고취와 자존적 욕구의 충족, 교육훈련, 자기계발 기회 제공 등

57 ㄴ, ㄷ. 공리적·기술적 방법
ㄹ. 강제적 방법

Answer   55. ③   56. ②   57. ②

인사행정

인사행정

01 **직업공무원제도에 관한 설명으로 옳지 않은 것은?** 2022 행정사

① 젊고 유능한 인재들이 공직을 평생 직업으로 선택하여 근무하게 하는 제도이다.

② 행정의 계속성과 안정성을 확보하게 한다.

③ 폐쇄적 임용으로 인해 공직분위기의 침체가 우려된다.

④ 일반행정가보다는 전문행정가 양성을 목표로 한다.

⑤ 신분보장으로 인해 무사안일과 관료의 병리현상이 초래될 위험이 있다.

02 **엽관주의에 관한 설명으로 옳지 않은 것은?** 2018 행정사

① 당파성이나 정치적 요인을 기준으로 공직임용이 이루어진다.

② 개인의 능력, 자격, 업적 등 실적 외의 요인에 의해 공직임용이 이루어진다는 점에서 정실주의와 유사하다.

③ 행정의 일관성, 계속성, 안정성을 저해할 수 있다.

④ 공직의 대규모 경질을 통해 공직에의 참여기회를 확대한다.

⑤ 우리나라는 엽관주의적 성격의 공직임용을 허용하지 않고 있다.

03 실적주의 인사행정에 관한 설명으로 옳은 것은? 2019 행정사

① 공무원의 정치적 중립을 어렵게 한다.
② 행정의 전문성을 저해한다.
③ 개인의 능력이나 실적을 기준으로 임용한다.
④ 빈번한 교체임용을 통해서 관료의 특권화를 막는다.
⑤ 직업공무원제 수립을 저해한다.

---

01 ④ 직업공무원제도는 전문행정가보다는 일반행정가 양성을 목표로 한다.

※ 인사행정의 발달

직업공무원제	• 유능하고 젊은 사람을 실적에 따라 채용하여 장기 근무를 장려, 절대왕정시기의 관료제에 염원을 두고 있음 • 폐쇄형 충원 및 계급제, 신분보장, 일반행정가 양성, 채용 시 발전가능성과 잠재력이 중요 • 공직에 대한 높은 사회적 평가, 공무원 인력계획에 대한 장기적인 계획 수립, 능력 발전의 공정한 기회제공, 신분보장·적절한 보수·연금 등이 필요 • 단점의 보완 : 개방형 인사제도, 계약제 임용제도, 계급정년제의 도입 등
엽관주의	• 정당에 대한 충성도와 공헌도가 공직임용의 기준, 관료기구와 집권정당의 동질성 확보, 관직은 선거에서 승리한 정당의 전리품(spoils) • 관료들의 정치적 책임성·국민에 대한 대응성·충성심 확보, 지도자의 국정지도력 강화, 행정의 민주화에 공헌, 우리나라의 정무직 및 개방형 임용 • 행정의 안정성 및 지속성을 확보하기 어려움, 행정의 전문성과 공무원의 정치적 중립성을 저해, 부정부패 및 관직의 남설 가능성
실적주의	• (형식적) 기회균등, 신분보장, 정치적 중립, 실적에 의한 임용 • 영국에서 1870년 추밀원령을 통해 실적주의를 확립, 미국은 1881년 가필드 대통령이 암살되는 것을 계기로 1883년 펜들턴법(공개경쟁채용시험, 독립적 인사위원회 설치, 공무원의 정치활동 금지 등)이 제정 • 중앙인사기관의 권한과 기능을 강화, 사회적 약자의 공직진출을 제약
대표관료제	• 영국학자 킹슬리가 처음 사용한 용어로 정부 관료제 구성에서 사회 내 주요 세력의 분포를 반영하여 민주적 가치를 주입하려고 함 • 실적주의의 폐단(형식적 기회균등) 보완과 임명직 관료집단이 민주적 방법으로 행동하도록 하기 위한 방안(국민에 대한 대응성 확보) • 미국의 적극적 조치(고용상의 차별을 받아오던 소수집단에 대한 우대정책) • 우리나라의 대표관료제 성격의 균형인사정책 : 장애인 채용목표제, 지역인재 할당제, 여성관리자 임용목표제, 저소득층 채용목표제, 양성채용목표제 등(균형인사정책은 대표관료제에 비해 여성, 장애인, 지방 인재 등 상대적으로 사회적 소외집단에 대한 배려를 강조) • 역차별 발생 우려, 동질화 가능성, 행정능률의 저하, 공무원의 정치적 중립 윤리와 상호 모순, 천부적 자유의 개념과 상충, 출신별 집단이기주의화 가능성

02 ⑤ 우리나라도 정무직 공무원 등에 대해서 엽관주의적 성격의 공직임용을 허용하고 있다.

03 ① 실적주의는 정치적 중립을 강조한다.
② 실적주의는 행정의 전문성을 강화한다.
④ 실적주의는 공무원의 신분보장을 강화한다.
⑤ 실적주의는 신분보장을 통한 직업공무원제를 확립한다.

Answer　01. ④　02. ⑤　03. ③

04 대표관료제(representative bureaucracy)에 관한 설명으로 옳은 것은? 2017 행정사

① 대표관료제는 행정의 전문성과 생산성을 강화한다.

② 대표관료제의 발전은 행정의 형평성과 능률성을 제고한다.

③ 대표관료제는 공직사회 내부 구성원 상호 간 견제를 통하여 내적 통제를 강화한다.

④ 대표관료제의 관료들은 정책과정에서 자신이 속한 배경집단의 이익보다는 공익을 추구한다.

⑤ 집단보다는 개인에 역점을 두는 대표관료제는 자유주의와 부합한다.

05 다음에 해당하는 인사관리의 유형은? 2014 행정사

> 최근 우리나라 공공부문에 도입된 제도로서 다양한 계층의 공직 진출을 확대하기 위한 방안으로 양성평등채용목표제, 장애인의무고용제, 지역인재추천채용제 등을 실시하고 있다.

① 실적주의제

② 대표관료제

③ 직업공무원제

④ 엽관주의제

⑤ 개방형 임용제

제2절 고위공무원단

06 우리나라 고위공무원단제도에 관한 설명으로 옳지 않은 것은? 2022 행정사

① 고위공무원단을 구성하는 공무원은 전원 중앙행정기관 소속이다.

② 각 부처 장관은 소속에 관계없이 전체 고위공무원단 중에서 적임자를 인선한다.

③ 계급과 연공서열보다는 직무와 성과 중심의 인사관리를 추구한다.

④ 행정부처에 배치된 고위공무원의 인사와 복무는 소속 장관이 관리한다.

⑤ 고위직의 개방을 확대하고 경쟁을 촉진하기 위한 제도이다.

---

04 ① 대표관료제는 행정의 전문성과 생산성을 저해한다.
② 대표관료제의 발전은 행정의 형평성을 제고하지만, 능률성은 저해한다.
④ 대표관료제의 관료들은 정책과정에서 자신이 속한 배경집단의 이익을 추구한다.
⑤ 대표관료제는 천부적 자유의 개념과 상충된다.

05 ① 실적주의제 : 실적에 의한 임용하는 것으로 기회균등, 신분보장, 정치적 중립을 특징으로 한다.
③ 직업공무원제 : 유능하고 젊은 사람을 실적에 따라 채용하여 장기 근무를 장려, 절대왕정시기의 관료제에
염원을 두고 있다.
④ 엽관주의제 : 정당에 대한 충성도와 공헌도가 공직임용의 기준으로 둔다.
⑤ 개방형 임용제 : 외부전문가나 경력자를 조직의 중·상위 직위로 곧바로 채용하는 방법이다.

06 ① 중앙행정기관 외 지방교육청 소속의 부교육감 등도 고위공무원단에 포함된다.

※ 고위공무원단

의미	국가의 고위공무원을 범정부적 차원에서 하나의 풀(pool)로 운영하는 제도
미국의 고위공무원단	카터 행정부 시기인 1978년 공무원제도개혁법의 개정에 따라 탄생된 SES(Senior Executive Service)가 시초이며, 엽관주의제적 요소도 포함
우리나라 고위공무원단	• 노무현 정부 시기인 2006년 7월 고위공무원단 인사규정이 시행되면서 시작 • 개방형 직위(20%), 공모직위(30%), 자율임용(50%)으로 충원 • 성과계약 등 평가에 따라 직무성과급적 연봉제가 적용 • 일반직 공무원, 외무직 공무원, 국가공무원으로 보하는 부단체장 및 부교육감 등도 포함 (단, 지방공무원은 적용대상이 아님) • 고위직의 개방 확대 및 책임성 확대, 민간전문가의 고위직 임용가능성 증가 • 일반직 공무원은 소속 장관의 제청으로 인사혁신처장과 협의를 거친 후에 국무총리를 거쳐 대통령이 임용 • 고위공무원단에 속하는 일반직 공무원의 경우 소속 장관은 해당 기관에 소속되지 아니한 공무원에 대하여도 임용제청할 수 있음 • 적격심사를 통해 직권면직이 가능하므로 신분보장은 약화 • 2009년 5등급에서 현재의 2등급(가급, 나급)으로 변경 • 승진임용은 고위공무원단 후보자 중에서 승진심사를 거쳐야 함

Answer   04. ③   05. ②   06. ①

07 중앙인사기관에 관한 설명으로 옳지 않은 것은? 2024 행정사

① 중앙인사기관은 각 행정기관의 합리적 인사운영, 인력의 효율적 활용, 공무원의 공직 규범기준 등 제공 기능을 담당한다.

② 중앙인사기관은 행정수반으로부터의 독립성과 다수 위원들의 협의에 의한 의사결정을 하는 합의성 등을 기준으로 유형화할 수 있다.

③ 1948년 정부수립 이후 우리나라 중앙인사기관은 비독립단독제 형태를 유지하여 오고 있다.

④ 우리나라에서 인사관리기능을 수행하기 위해 각 부처의 인사기관과 각 지방자치단체의 인사기관이 있다.

⑤ 현재 우리나라의 중앙인사기관은 국무총리 소속의 인사혁신처이다.

08 우리나라 인사혁신처에 관한 설명으로 옳지 않은 것은? 2022 행정사

① 법률의 범위 내에서 인사규칙을 제정한다.

② 인사행정의 공정성을 제고하기 위한 독립합의형 대통령 직속기관이다.

③ 인사 법령에 따라 인사행정에 관한 구체적인 사무를 수행한다.

④ 행정기관 소속 공무원의 징계처분 등에 대한 소청을 심사·결정하기 위하여 소청심사위원회를 둔다.

⑤ 인사행정을 수행하는 중앙정부의 인사행정기관이다.

제4절 우리나라 공무원의 종류

09 **경력직 공무원에 관한 설명으로 옳은 것은?** 2024 행정사

① 직업공무원제의 적용을 받지 않는다.

② 선거에 의해 취임하는 공무원은 경력직 공무원이다.

③ 특수한 임무를 수행하기 위해 임용되는 별정직 공무원이 대표적인 경력직 공무원이다.

④ 실적과 자격에 의해 임용되며 신분이 보장된다.

⑤ 기술직과 연구직에 종사하는 공무원은 경력직 공무원에 해당하지 않는다.

---

07 ③ 2004년 설치되었다가 폐지된 '중앙인사위원회'는 비독립합의제 형태의 중앙인사기관이다.

08 ② 인사혁신처는 비독립단독형 국무총리 소속기관이다.

09 ① 경력직 공무원은 신분보장 등 직업공무원제의 적용을 받는다.
② 선거에 의해 취임하는 정무직 공무원은 특수경력직 공무원이다.
③ 비서관·비서 등 보좌업무 등을 수행하거나 특정한 업무를 수행하는 별정직 공무원은 특수경력직 공무원이다.
⑤ 기술직과 연구직에 종사하는 공무원은 경력직 공무원에 포함된다.

※ 우리나라 공무원의 종류
• 경력직 공무원 : 실적과 자격에 따라 임용되고 그 신분이 보장

일반직 공무원	행정·기술직군으로 분류되는 공무원, 특수 업무 분야에 종사하는 공무원(전문경력관), 연구·지도·특수기술 직렬의 공무원(연구관 등), 우정공무원, 경력직 공무원을 임용할 때에 일정기간을 정하여 근무하는 공무원(임기제 공무원), 전보의 범위가 특정 전문분야로 제한되어 인사관리되는 공무원(전문직 공무원)
특정직 공무원	경찰, 군무원, 군인, 법관, 검사, 외무공무원, 소방, 교육, 헌법재판소 헌법연구관, 국가정보원의 직원, 경호공무원, 교원 및 조교, 자치경찰공무원, 공립대학에 근무하는 교육공무원, 교육감 소속의 교육공무원 등

• 특수경력직 공무원 : 실적제의 획일적 적용을 받지 않고, 신분보장이 되지 않음

정무직 공무원	• 선거로 취임하거나 임명할 때 국회의 동의가 필요한 공무원 : 대통령, 국회의원, 단체장, 교육감, 지방의회 의원, 국무총리, 감사원장, 헌법재판소장 등 • 고도의 정책결정 업무를 담당하거나 이러한 업무를 보조하는 공무원 : 감사원 감사위원 및 사무총장, 민정수석비서관, 중앙선거관리위원회 상임위원·사무총장·사무차장, 헌법재판소 사무차장, 국무조정실장 및 차장, 국가정보원 차장 등 장관 및 차관급 공무원
별정직 공무원	비서관·비서 등 보좌업무 등을 수행하거나 특정한 업무 수행을 위하여 법령에서 별정직으로 지정하는 공무원 : 국회수석전문위원, 국회의원 비서관 등

Answer 07. ③ 08. ② 09. ④

10 우리나라 경력직 공무원에 해당하는 사람을 모두 고른 것은? 2017 행정사

> ㄱ. 담당업무가 특수하여 자격·신분보장·복무 등에 있어서 개별 특별법이 우선 적용
> 되는 공무원
> ㄴ. 비서관·비서 등 보좌업무 등을 수행하는 공무원
> ㄷ. 기술, 연구 또는 행정 일반에 대한 업무에 종사하는 공무원
> ㄹ. 선거로 취임하는 공무원
> ㅁ. 국회의 동의를 거쳐 임명하는 등 주로 정치적 판단이나 정책결정을 필요로 하는 업
> 무를 담당하는 공무원
> ㅂ. 실적과 자격에 따라 임용되고 그 신분이 보장되며 평생 동안(근무기간을 정하여 임
> 용하는 공무원의 경우에는 그 기간 동안을 말한다) 공무원으로 근무할 것이 예정되
> 는 공무원

① ㄱ, ㄴ, ㄹ   ② ㄱ, ㄷ, ㅂ
③ ㄴ, ㄷ, ㅁ   ④ ㄴ, ㄹ, ㅁ
⑤ ㄷ, ㅁ, ㅂ

11 우리나라 공무원 분류 중 특수경력직 공무원에 해당되지 않는 것은? 2020 행정사

① 국회의원   ② 헌법재판소 헌법연구관
③ 대통령 비서실장   ④ 국민권익위원회 위원장
⑤ 감사원 사무차장

제5절 계급제와 직위분류제

12 **직위분류제에 관한 설명으로 옳지 않은 것은?** 2025 행정사

① 조직에 있는 직위를 직무의 종류와 수준에 따라 분류해 관리하는 제도이다.

② 동일 노무에 대한 동일 보수를 지급하는 보수 체계의 형평성을 확보할 수 있다.

③ 직무분석 단계는 직무를 종류별로 구분해 직렬과 직군을 형성하는 작업이다.

④ 직무평가 단계는 직무를 수준별로 구분해 직급과 등급을 형성하는 작업이다.

⑤ 직위분류제는 계급제에 비해 인사관리의 탄력성과 신축성 확보가 유리하다.

Chapter ◆ 04

---

10 ㄴ. 별정직 공무원
ㄹ, ㅁ. 정무직 공무원

11 ① 국회의원, ③ 대통령 비서실장, ④ 국민권익위원회 위원장 : 특수경력직 공무원 중 정무직 공무원
② 헌법재판소 헌법연구관 : 경력직 공무원 중 특정직 공무원
⑤ 감사원 사무차장 : 경력직 공무원 중 일반직 공무원(감사원법 제19조)
★ 특수경력직 공무원에 해당되지 않는 것은 ②, ⑤로 복수 정답으로 표기함

12 ⑤ 계급제는 직위분류제에 비해 인사관리의 탄력성과 신축성 확보가 유리하다.

※ **계급제와 직위분류제**

계급제	• 공무원의 자격과 능력을 기준으로 계급을 설정하고 이에 따라 공직을 분류 • 폐쇄형 충원, 신분보장, 직업공무원제 확립, 순환보직, 일반행정가 양성 • 유연한 인사행정과 공무원 간 협력에 유리한 반면에 해당 직무에 적임자의 임용이 보장되지 않음 • 한정된 계급범위에서만 승진이 가능하고, 계급을 신분과 동일시하려는 경향
직위분류제	• 직무와 그 직무수행에 수반되는 책임을 기준으로 분류 • 전문행정가, 직무 한계와 책임 소재가 명확, 직업훈련의 필요성이 계급제보다 덜함, 조직 내 인력 배치의 신축성이 부족, 과학적 관리론, 보수의 형평성(직무급 결정에 타당한 자료 제공 가능), 실적주의와 개방형 인사의 엽관제 요소가 모두 있음 ★ 우리나라는 계급제를 기본으로 직위분류제적인 요소를 가미

Answer 10. ② 11. ②, ⑤ 12. ⑤

13 직위분류제에 관한 설명으로 옳지 않은 것은? 2023 행정사

① 조직 내의 직위들을 각 직위에 배당된 직무의 속성에 따라 분류·관리하는 제도를 말한다.

② 직위(職位)란 1명의 공무원에게 부여할 수 있는 직무와 책임을 말한다.

③ 직군(職群)이란 직무의 종류·곤란성과 책임도가 상당히 유사한 직위의 군을 말한다.

④ 직렬(職列)이란 직무의 종류가 유사하고 그 책임과 곤란성의 정도가 서로 다른 직급의 군을 말한다.

⑤ 직류(職類)란 같은 직렬 내에서 담당 분야가 같은 직무의 군을 말한다.

14 인사행정제도에 관한 설명으로 옳지 않은 것은? 2021 행정사

① 실적제는 개인의 객관적인 능력·자격·성적을 기준으로 공무원을 임용하는 제도이다.

② 직업공무원제도는 계급제, 일반능력자 중심의 임용, 신분보장 등을 토대로 한다.

③ 계급제는 직무를 기준으로 직무의 난이도와 책임도에 따라 직위를 분류하는 제도이다.

④ 엽관제는 정당에 대한 공헌도와 충성심에 입각하여 공무원을 임용하는 제도이다.

⑤ 대표관료제는 국민에 대한 대응성과 공직 임용의 사회적 형평성을 제고시키려는 목적을 지닌 제도이다.

15 직위분류제에 관한 설명으로 옳지 않은 것은? 2017 행정사

① 동일한 직무에 대한 동일한 보수 지급의 원칙에 부합한다.

② 직무의 내용, 특성, 자격 등 객관적인 기준에 따라 합리적인 인사가 이루어질 수 있다.

③ 조직 내에서 부서 간 협조와 교류를 원활하게 하지 못하는 단점이 있다.

④ 장기적인 발전 가능성이나 잠재력을 중시하는 직업공무원제의 수립에 유용하다.

⑤ 동일 직렬에 장기간 근무를 원칙으로 하기 때문에 행정의 전문화에 기여한다.

16 우리나라 공직 혹은 공무원의 분류·관리에 관한 설명으로 옳은 것을 모두 고른 것은?

2016 행정사

> ㄱ. 직위분류제를 근간으로 하면서 계급제적 요소를 부분적으로 도입하고 있다.
> ㄴ. 계급제는 사람의 특성에 따라, 직위분류제는 직무의 특성에 따라 공직을 분류한다.
> ㄷ. 계급제는 공무원의 신분보장과 직업공무원제 확립에 유리하며, 직위분류제는 인력
>   활용의 융통성을 높여준다.
> ㄹ. 고위공무원단에 소속된 공무원은 계급이 없는 대신 담당직무의 등급에 따라 그 지위
>   가 결정된다.
> ㅁ. 전문경력관은 일반직 공무원이지만, 계급 구분과 직군·직렬 분류가 적용되지 않는다.

① ㄱ, ㄴ, ㄷ 　　　　　② ㄴ, ㄷ, ㄹ
③ ㄴ, ㄷ, ㅁ 　　　　　④ ㄴ, ㄹ, ㅁ
⑤ ㄷ, ㄹ, ㅁ

Chapter 04

13　③ 직급에 대한 설명이다. 직군이란 직무의 성격이 유사한 직렬의 군으로 행정직군, 기술직군 등을 말한다.

14　③ 직위분류제에 대한 설명이다. 계급제는 개별 공무원의 자격과 능력을 기준으로 계급을 설정하고, 이에 따라 공직을 분류하는 것을 말한다.

15　④ 계급제에 대한 설명이다.

16　ㄱ. 우리나라는 계급제를 근간으로 하면서 직위분류제적 요소를 부분적으로 도입하고 있다.
　　　ㄷ. 직위분류제는 인력 활용의 융통성이 낮다.

Answer　　13. ③　　14. ③　　15. ④　　16. ④

제6절 공무원의 임용 등

17 국가공무원법상 국회, 법원, 헌법재판소, 선거관리위원회 및 행정부 상호 간에 소속을 달리하는 인사이동 임용방법은? 2024 행정사

① 파견　　　　　　　　　　② 전보
③ 전입　　　　　　　　　　④ 전직
⑤ 겸임

18 우리나라 국가공무원법상 임용에 관한 설명으로 옳은 것은? 2018 행정사

① 강임은 징계처분에 의한 수직적 인사이동이다.
② 전직이란 직렬을 달리하는 임명을 말한다.
③ 실무 수습 중인 채용후보자는 형법에 따른 벌칙을 적용할 때 공무원으로 보지 않는다.
④ 개방형 직위는 해당 기관 내·외부의 공무원 중에서 직무수행 적격자를 선발·임용하는 제도이다.
⑤ 공모 직위는 특정 직위에 결원이 발생하면 공직 내외를 불문하고 공개모집에 의해 적격자를 선발·임용하는 제도이다.

19 우리나라 공무원 시보임용제도에 관한 설명으로 옳지 않은 것은? 2020 행정사

① 공무원시험에 합격한 사람들의 공직 적격성을 심사하고 공무원 실무능력 배양을 위해 존재한다.
② 국가공무원법에 의하면 공무원의 시보기간은 3개월이다.
③ 시보기간 중 근무성적이 좋으면 정규공무원으로 임용한다.
④ 시보기간 중 교육훈련 성적이 나쁘거나 공무원으로서의 자질이 부족하다고 판단되는 경우 면직될 수 있다.
⑤ 시보기간 중 휴직한 기간, 직위해제 기간 및 징계에 따른 정직이나 감봉 처분을 받은 기간은 시보 임용 기간에 산입되지 않는다.

20 우리나라 공무원의 시보임용에 관한 설명으로 옳지 않은 것은? 2013 행정사

① 임용권자는 시보임용 기간 중에 있는 공무원의 근무상황을 항상 지도·감독하여야 한다.

② 시보기간 중 근무성적이 좋으면 정규공무원으로 임용한다.

③ 시보기간은 시보공무원에게 행정실무의 습득기회를 제공하는 것이다.

④ 시보임용은 공무원으로서 적격성 여부를 판단하는 선발과정의 일부이다.

⑤ 시보공무원은 일종의 교육훈련 과정으로 교육에만 전념할 수 있도록 정규공무원과 동일하게 공무원 신분을 보장한다.

---

17 ① 파견근무 : 국가기관의 장은 국가적 사업의 수행 또는 그 업무 수행과 관련된 행정 지원이나 연수, 그 밖에 능력 개발 등을 위하여 필요하면 소속 공무원을 다른 국가기관·공공단체·국내외의 교육기관·연구기관, 그 밖의 기관에 일정 기간 파견근무하게 할 수 있다.
② 전보 : 같은 직급 내에서의 보직 변경 또는 고위공무원단 직위 간의 보직 변경을 말한다.
④ 전직 : 직렬을 달리하는 임명을 말한다.
⑤ 겸임 : 직위와 직무 내용이 유사하고 담당 직무 수행에 지장이 없다고 인정하면 대통령령 등으로 정하는 바에 따라 경력직 공무원 상호 간에 겸임하게 하거나 경력직 공무원과 대통령령으로 정하는 관련 교육·연구 기관, 그 밖의 기관·단체의 임직원 간에 서로 겸임하게 할 수 있다.

18 ① 강임은 직제 또는 정원의 변경이나 예산의 감소 등으로 직위를 내리는 것으로 징계처분에 해당하지 않는다.
③ 실무 수습 중인 채용후보자는 형법에 따른 벌칙을 적용할 때 공무원으로 본다(국가공무원법 제39조).
④ 공모 직위에 대한 설명이다.
⑤ 개방형 직위에 대한 설명이다.

※ 우리나라의 개방형 임용제도
• 개방형 직위 : 전문성이나 효율적인 정책 수립이 필요하다고 판단되어, 공직 내부나 외부에서 적격자를 임용할 필요가 있는 직위에 활용
• 공모 직위 : 효율적인 정책 수립 또는 관리를 위하여 내부 또는 외부의 공무원 중 선발

19 ② 국가공무원법에 의하면 공무원의 시보기간은 6급 이하는 6개월, 5급 이상은 1년이다.

20 ⑤ 시보임용 기간 중에 있는 공무원이 근무성적·교육훈련성적이 나쁘거나 국가공무원법 또는 국가공무원법에 따른 명령을 위반하여 공무원으로서의 자질이 부족하다고 판단되는 경우에는 불구하고 면직시킬 수 있기 때문에 정규공무원에 비해 신분보장이 약하다.

17. ③   18. ②   19. ②   20. ⑤

21 다음은 채용시험의 효용성 판단 기준에 관한 설명이다. (   )에 들어갈 내용이 옳게 짝지어진 것은? 2025 행정사

> (ㄱ)는 시험성적이 실적 기준과 얼마나 부합하느냐와 관련한 것으로, 시험성적과 직무수행실적 간 상관관계를 비교해 확인할 수 있다. 반면 (ㄴ)는 측정 도구가 측정대상을 일관성 있게 측정하는 정도를 말하는 것으로, 동일한 시험을 동일한 대상집단에게 시간 간격을 두고 2회 실시해 그 성적을 비교하는 (ㄷ)을 통해 검증할 수 있다.

① ㄱ: 기준타당도　　ㄴ: 내용타당도　　ㄷ: 재시험법
② ㄱ: 기준타당도　　ㄴ: 신뢰도　　ㄷ: 재시험법
③ ㄱ: 내용타당도　　ㄴ: 신뢰도　　ㄷ: 재시험법
④ ㄱ: 내용타당도　　ㄴ: 기준타당도　　ㄷ: 반분법
⑤ ㄱ: 신뢰도　　ㄴ: 내용타당도　　ㄷ: 반분법

제7절 **공무원 교육훈련**

22 다음에서 설명하고 있는 교육훈련 방법은? 2025 행정사

> • 사전에 과제나 사회자를 정해주지 않고 10명 내외의 교육훈련 참가자들의 자유로운 토론을 통해 어떤 문제의 해결 방안이나 상대방에 대한 이해를 얻도록 하는 방법
> • 자기 자신과 대인관계에 대한 이해 및 인간관계 개선 등에 목적을 두고 있음

① 감수성훈련(sensitivity training)
② 분임연구(syndicate)
③ 액션 러닝(action learning)
④ 혼합 학습(blended learning)
⑤ 역할 연기(role playing)

제8절 근무성적평정

23 성적분포 비율을 미리 정하여 순위를 매기거나 배분함으로써 평정자의 편견이나 집중화 등의 오류를 방지할 수 있는 근무성적평정 방법은? 2023 행정사

① 강제배분법　　　　② 쌍대비교법　　　　③ 가감점수법
④ 목표관리법　　　　⑤ 직접서열법

21　• 내용타당도 : 직무에 정통한 전문가 집단이 시험의 구체적 내용이나 항목이 직무의 성공적 임무수행에 얼마나 적합한지를 판단하여 검증한다.
　• 반분법 : 나의 측정도구(시험문제)를 반으로 나누어 측정한 후 두 성적 간 상관관계를 분석하여 비슷한 성적분포를 이루면 신뢰도가 높다.

22　② 분임연구(신디케이트, syndicate) : 분임연구는 피훈련자들을 10명 내외의 분반으로 나눠 분반별로 동일한 문제를 토의해 해결 방안을 작성 후 다시 전원이 한 장소에 모여 분반별로 작성한 안을 발표하고 토론을 벌여 하나의 합리적인 안을 최종적으로 작성하는 형태의 훈련 방법이다.
③ 액션 러닝(action learning) : 교육 참가자들을 소그룹 규모의 팀으로 구성해 개인, 그룹 또는 조직에 중요한 의미가 있는 실제 현안 문제를 해결하면서 동시에 문제 해결 과정에 대한 성찰을 통해 학습하도록 지원하는 교육방식이다.
④ 혼합 학습(blended learning) : 온라인 및 오프라인 학습을 병행하는 방법이다.
⑤ 역할 연기(role playing) : 주어진 사례나 문제에서 어떠한 역할을 실제로 연기해 보고 당면한 문제를 체험해 보는 교육으로서, 보통 자신과 반대되는 입장의 역할이 부여된다.

23　문제는 강제배분법에 관한 설명이다.

※ 근무성적평정 방법

도표식 평정척도법	• 평가자의 직관과 선험을 바탕으로 하여 평가요소가 결정되어 작성이 빠르고 쉬우며 경제적임, 자의적 해석에 의한 평가가 이루어지기 쉬움 • 연쇄화, 관대화, 집중화가 나타나기 쉬움
강제배분법	성적분포가 과도하게 집중되는 것을 방지하기 위해 등급별로 비율을 정하여 준수하도록 하는 방법
산출기록법	일정한 업무량을 달성하는 데 소요된 시간을 계산하여 평정하는 방법
서열법	쌍쌍비교법, 대인비교법 등 피평정자 간의 근무성적을 비교하는 방법
목표관리제 평정법	명확한 목표를 설정하고 그 결과를 보상에 반영, 개인 간 비교는 어려움
체크리스트 평정법	평정요소에 대한 설명 또는 질문을 보고 피평정자에게 해당하는 것을 골라 표시하는 방법으로, 평정항목을 만들기가 힘들 뿐만 아니라, 질문 항목이 많을 경우 평정자가 곤란을 겪게 됨
중요사건기록법	피평정자의 근무실적에 큰 영향을 주는 사건들을 평정자로 하여금 기술하게 하는 방법으로, 평정자가 중요하게 생각하는 훌륭하거나 나쁜 행동을 대표하는 이례적인 행동이 강조될 위험이 있음
행태기준척도법	가장 이상적인 과업수행 행태에서부터 가장 바람직하지 못한 과업수행 행태까지를 몇 개의 등급으로 구분하는 방법으로 도표식 평정척도법에 중요사건기록법을 가미
행태관찰척도법	성과와 관련된 직무행태를 관찰하여 활동의 발생빈도를 측정하는 방법
강제선택법	피평정자의 특성에 가까운 것을 강제적으로 선택하게 하는 방법

Answer　21. ②　22. ①　23. ①

24 **다음에서 설명하는 근무성적평정방법은?** 2021 행정사

- 주요과업 분야별로 바람직한 행태의 유형 및 등급을 구분·제시한 뒤, 평정대상자의 행태를 관찰하여 해당사항에 표시하게 하는 방법이다.
- 척도의 설계과정에 평정대상자를 공동으로 참여하게 함으로써 평정에 대한 신뢰와 적극적인 관심을 기대할 수 있다.
- 직무가 다르면 별개의 평정양식이 있어야 하는 등 개발에 많은 시간과 비용이 요구된다.

① 중요사건기록법
② 행태기준 평정척도법
③ 서열법
④ 목표관리제 평정법
⑤ 도표식 평정척도법

25 **근무성적평정 시 평정자의 평정기준이 일정치 않아 관대화 및 엄격화 경향이 불규칙하게 나타나는 오류는?** 2015 행정사

① 체계적 오류(systematic error)
② 연쇄효과로 인한 오류(halo effect error)
③ 선입견에 의한 오류(personal bias error)
④ 집중화 오류(central tendency error)
⑤ 총계적 오류(total error)

26 **우리나라 근무성적평가의 대상이 되는 공무원은?** 2022 행정사

① 정무직 공무원
② 고위공무원단 소속 공무원
③ 3급 이상 별정직 공무원
④ 4급 이상 공무원
⑤ 5급 이하 공무원

27 공무원에 대한 다면평가 방식의 장점과 유용성에 관한 설명으로 옳지 않은 것은? 2014 행정사

① 조직구성원 간 원활한 커뮤니케이션을 통해 상호 이해의 폭을 넓힐 수 있다.

② 다면평가를 통해 능력과 성과중심의 인사관리가 이뤄질 경우, 개인의 행태변화에 긍정적인 영향을 미친다.

③ 개인평가에 있어서 다면평가를 통해 인사고과에 대한 객관성과 공정성을 높일 수 있다.

④ 평가결과는 구성원에 대한 보상과 개인별 역량개발 및 교육훈련 등에 활용될 수 있다.

⑤ 다면평가는 조직 내 구성원간의 갈등 해소 및 신뢰성을 제고하고, 그 평가 결과는 승진이나 전보, 성과급 지급 등에 활용해야 한다.

---

24 행태기준척도법에 관한 내용이다. 행태기준척도법은 선정된 주요 과업 분야에 대해서 가장 이상적인 과업수행 행태에서부터 가장 바람직하지 못한 과업수행 행태까지를 몇 개의 등급으로 구분하고, 등급마다 중요 행태를 명확하게 기술하고 점수를 할당하는 방법을 말한다.

25 ※ 평정의 오류

연쇄효과	가장 중요한 평정요소에 대한 평가가 다른 평정요소에도 영향을 미치는 오류
총계적 오류	관대화 및 엄격화 경향이 불규칙하게 나타나는 오류
규칙적 또는 일관적 오류	언제나 좋은 점수 또는 나쁜 점수를 주는 오류
관대화 경향	평가 결과의 분포가 우수한 쪽에 집중되는 경향
엄격화 경향	평가 결과의 분포가 낮은 쪽에 집중되는 경향
집중화 경향	중간 수준의 점수를 주는 경향
선입견에 의한 오류	성별·출신학교 등에 대해 평정자가 가지는 편견이 평정에 영향, 고정관념에 의한 오류[상동적 오차(error of stereotyping)]가 대표적
시간적 오류	초기의 업적에 영향을 크게 받는 첫머리 효과(primacy effect), 최근 실적을 중심으로 평가하는 근접(막바지) 효과(recency effect)
대비오류	피평정자를 바로 이전의 피평정자와 비교함으로써 발생하는 오류

26 ① 정무직 공무원 : 근무성적평정 대상이 아님
④ 4급 이상(고위공무원단 포함) : 근무성적평정 중 성과계약 등 평가 대상

※ **우리나라 근무성적평정제도**
• 근무성적평정의 종류
  − 4급 이상(고위공무원단 포함) : 성과계약 등 평가(연 1회, 12. 31. 기준)
  − 5급 이하 : 근무성적평가(연 2회, 6. 30. / 12. 31. 기준)
• 평가자 : 상급 또는 상위 감독자, 확인자 : 평가자의 상급 또는 상위 감독자

27 ⑤ 다면평가는 조직 내 구성원 간의 갈등 해소 및 신뢰성을 제고하고, 그 평가 결과는 승진이나 전보, 성과급 지급 등에 활용할 수 있다.

 **24.** ②   **25.** ⑤   **26.** ⑤   **27.** ⑤

제9절 공무원 보수

28 직무가 지니는 상대적 가치를 평가하여 임금을 결정하는 보수체계는? 2019 행정사

① 직무급
② 근속급
③ 직능급
④ 생활급
⑤ 성과급

제10절 공무원 연금

29 우리나라 공무원연금 제도에 대한 설명으로 옳지 않은 것은?

① 최초의 공적 연금제도로서, 1960년 공무원연금법 제정으로 도입되었다.
② 기금제(적급)를 채택하고 있다.
③ 공무원연금제도는 인사혁신처가 관장하고 그 집행은 공무원연금공단에서 담당하고 있다.
④ 기금제이기 때문에 안정적인 연금 지급이 가능하다.
⑤ 연금을 지급받기 위해서는 20년 이상 재직하고, 65세가 되어야 한다.

제11절 공무원의 단체활동

30 공무원의 노동조합 설립 및 운영에 관한 법률에 대한 설명으로 옳지 않은 것은?

① 노동조합과 그 조합원은 정치활동을 하여서는 아니 된다.

② 인사·보수에 관한 업무를 수행하는 공무원 등 노동조합과의 관계에서 행정기관의 입장에서 업무를 수행하는 공무원은 노동조합에 가입할 수 있다.

③ 공무원은 임용권자의 동의를 받아 노동조합으로부터 급여를 지급받으면서 노동조합의 업무에만 종사할 수 있다.

④ 노동조합과 그 조합원은 파업, 태업 또는 그 밖에 업무의 정상적인 운영을 방해하는 일체의 행위를 하여서는 아니 된다.

⑤ 단체협약의 내용 중 법령·조례 또는 예산에 의하여 규정되는 내용과 법령 또는 조례에 의하여 위임을 받아 규정되는 내용은 단체협약으로서의 효력이 없다.

---

28 ※ 보수 관련 용어
- 실적급(성과급) : 개인이나 집단의 근무실적에 따른 보수
- 생활급 : 생계비를 기준으로 하는 보수로서 기본적인 생활을 보장
- 연공급(근속급) : 근속연수와 같은 인적 요소를 기준으로 하는 보수
- 직능급 vs 직무급 : 수행능력에 따른 보수 vs 난이도와 책임에 따른 보수

29 ⑤ 연금을 지급받기 위해서는 10년 이상 재직하고, 65세가 되어야 한다.
(2033년까지 60세 → 65세로 단계적으로 상향)

30 ※ 노동조합의 가입범위
- 일반직 공무원
- 특정직 공무원 중 외무영사직렬·외교정보기술직렬 외무공무원, 소방공무원 및 교육공무원(다만, 교원은 제외한다)
- 별정직 공무원
- 가입 불가능 공무원
  - 인사·보수에 관한 업무를 수행하는 공무원 등 노동조합과의 관계에서 행정기관의 입장에서 업무를 수행하는 공무원
  - 교정·수사, 노동관계의 조정·감독 및 지휘·감독권을 행사하거나 다른 공무원의 업무를 총괄하는 공무원

Answer   28. ①   29. ⑤   30. ②

제12절 공무원 행동규범

31 국가공무원법상 공무원이 준수해야 할 행동규범을 모두 고른 것은? 2025 행정사

> ㄱ. 공무원은 재직 중은 물론 퇴직 후에도 직무상 알게 된 비밀을 엄수하여야 한다.
> ㄴ. 공무원은 직무상의 관계가 있든 없든 그 소속 상관에게 증여하거나 소속 공무원으로부터 증여를 받아서는 아니 된다.
> ㄷ. 공무원이 외국 정부로부터 영예나 증여를 받을 경우에는 대통령의 허가를 받아야 한다.
> ㄹ. 공무원은 공무 외에 영리를 목적으로 하는 업무에 종사하지 못하며 소속 기관장의 허가 없이 다른 직무를 겸할 수 없다.

① ㄱ, ㄷ

② ㄴ, ㄹ

③ ㄱ, ㄴ, ㄹ

④ ㄴ, ㄷ, ㄹ

⑤ ㄱ, ㄴ, ㄷ, ㄹ

32 공무원 직무상 이해충돌에 관한 설명으로 옳지 않은 것은? 2025 행정사

① 공무원의 직무상 의무와 개인적 이해의 충돌을 의미한다.

② 이해충돌 회피의 기본원칙은 "누구도 자신의 사건에 대해 판결할 수 없다"는 것이다.

③ 이해충돌 규제를 강조하는 이유는 주인-대리인 관계의 신뢰성 유지가 필요하기 때문이다.

④ 이해충돌을 규제하기 위한 제도는 일반적으로 사후 교정의 성격을 띤다.

⑤ 고위직 공무원의 인사청문회는 이해충돌의 가능성을 사전에 점검하는 의미가 있다.

33 공직자윤리법에서 행정윤리 확보를 위해 시행하고 있는 내용이 아닌 것은? ²⁰²⁴ 행정사

① 주식백지신탁
② 이해충돌 방지 의무
③ 공직자 재산등록과 공개
④ 퇴직공직자 취업제한
⑤ 내부고발

31 ※ 국가공무원법에 규정된 공무원 행동규범

성실 의무	모든 공무원은 법령을 준수하며 성실히 직무를 수행하여야 함
복종의 의무	공무원은 직무를 수행할 때 소속 상관의 직무상 명령에 복종하여야 함
직장 이탈 금지	• 소속 상관의 허가 또는 정당한 사유가 없으면 직장을 이탈하지 못함 • 공무원을 구속하려면 그 기관의 장에게 미리 통보하여야 함(현행범은 예외)
친절·공정의 의무	국민 전체의 봉사자로서 친절하고 공정하게 직무를 수행
종교중립의 의무	종교에 따른 차별 없이 직무를 수행, 소속 상관이 이에 위배되는 직무상 명령을 한 경우에는 이에 따르지 아니할 수 있음
비밀 엄수의 의무	재직 중은 물론 퇴직 후에도 직무상 알게 된 비밀을 엄수하여야 함
청렴의 의무	• 직무와 관련하여 직접적이든 간접적이든 사례·증여·향응을 주거나 받을 수 없음 • 공무원은 직무상의 관계가 있든 없든 그 소속 상관에게 증여하거나 소속 공무원으로부터 증여를 받아서는 아니 됨
외국정부의 영예 등을 받을 경우	공무원이 외국 정부로부터 영예나 증여를 받을 경우에는 대통령의 허가를 받아야 함
품위 유지의 의무	직무의 내외를 불문하고 그 품위가 손상되는 행위를 하여서는 아니 됨
영리 업무 및 겸직 금지	공무 외에 영리를 목적으로 하는 업무에 종사하지 못하며 소속 기관장의 허가 없이 다른 직무를 겸할 수 없음
정치 운동의 금지	• 공무원은 정당이나 정치단체의 결성에 관여하거나 이에 가입할 수 없음 • 특정 정당 또는 특정인을 지지 또는 반대하기 위한 행위를 하여서는 아니 됨 ⎡ • 공무원의 정치적 중립의 필요성: 정치적 개입에 의한 부정부패 방지, 행정의 안정성과 전문성 제고, 공무원 집단의 정치세력화 방지, 직업공무원제 확립, 국민 전체의 이익을 위해 공평무사하게 봉사, 공명선거를 통해 민주적 기본질서 제고 • 단점: 공무원의 정치적 기본권 제약 ★ 미국은 해치법(Hatch Act)을 통해 공무원의 정치활동을 제한 ⎦

32 ④ 이해충돌을 규제하기 위한 제도는 일반적으로 예방적 성격을 띤다.

33 ⑤ 내부고발은 공익신고자 보호법, 부패방지 및 국민권익위원회의 설치와 운영에 관한 법률 등에서 시행하고 있다.

31. ⑤ 32. ④ 33. ⑤

34 **이해충돌방지법에 관한 내용으로 옳지 않은 것은?** 2022 행정사

① 공직자는 직무관련자가 사적이해관계자임을 안 날부터 30일 이내에 소속기관장에게 그 사실을 신고하면 회피신청이 면제된다.

② 공직자는 직무수행 중 알게 된 비밀 또는 소속 공공기관의 미공개정보를 사적 이익을 위하여 이용하거나 제3자로 하여금 이용하게 하여서는 아니 된다.

③ 공직자는 직무관련자에게 사적으로 노무 또는 조언·자문 등을 제공하고 대가를 받는 행위를 하여서는 아니 된다.

④ 공직자는 공공기관이 소유하거나 임차한 물품·차량·선박·항공기·건물·토지·시설 등을 사적인 용도로 사용·수익하거나 제3자로 하여금 사용·수익하게 하여서는 아니된다.

⑤ 공직자는 직무관련자인 소속 기관의 퇴직자(공직자가 아니게 된 날부터 2년 이내인 자)와 사적 접촉(골프, 여행, 사행성 오락을 같이 하는 행위)을 하는 경우 소속기관장에게 신고하여야 한다.

제13절 공무원 부패

35 **내부고발에 관한 설명으로 옳지 않은 것은?** 2021 행정사

① 내부고발의 대상은 일반적으로 조직 내에서 행해진 비윤리적 행위이다.

② 내부고발의 대상이 되는 문제를 조직 내에서 해결할 장치가 없거나 제대로 작동되지 않을 때 주로 일어난다.

③ 내부고발은 조직 내부의 비리를 대외적으로 폭로하는 외부적 행위이다.

④ 내부고발제 실시로 조직 내에서 부패에 대한 경각심 확대와 부패 억제 효과가 기대된다.

⑤ 현재 우리나라에는 내부고발자를 보호하는 관련 법률이 없다.

36 다음에서 설명하는 부패의 종류는? 2017 행정사

> • 부패행위로 규정될 수 있으나 사회구성원의 다수가 어느 정도 용인하는 관례화된 부패로서 사회 체제에 심각한 파괴적 영향을 미치지 않는다.
> • 금융위기가 심각함에도 불구하고 국민들의 동요나 기업활동의 위축을 방지하기 위해 금융위기가 전혀 없다고 관련 공무원이 거짓말을 하는 것과 같이 공무원이 사적인 이익을 취하기 위해서가 아니라, 경제안정 등과 같이 공익을 위한 목적으로 행한다.

① 백색부패
② 일탈형부패
③ 흑색부패
④ 제도화된 부패
⑤ 회색부패

---

34 ① 공직자의 이해충돌 방지법(이해충돌방지법)에는 회피신청 면제 규정은 없다.

35 ⑤ 우리나라는 부패방지 및 국민권익위원회의 설치와 운영에 관한 법률 및 공익신고자 보호법 등을 두고 있다.

> **부패방지 및 국민권익위원회의 설치와 운영에 관한 법률 제62조(불이익조치 등의 금지)** ① 누구든지 신고자에게 신고나 이와 관련한 진술, 자료 제출 등(이하 "신고등"이라 한다)을 한 이유로 불이익조치를 하여서는 아니 된다.

36 ※ **부패의 유형**
- 사기형 부패 : 공금횡령, 개인적인 이익의 편취, 회계부정 등
- 일탈형 부패 : 정상적인 단속을 하다가 금품을 제공하는 경우 단속을 하지 않는 것
- 제도화된 부패 : 부패저항자에 대한 제재와 보복, 부패행위자에 대한 보호와 관대한 처분, 실제로 지켜지지 않는 반부패 행동규범의 대외적 표방, 부패의 타성화, '급행료'를 지불하는 것을 당연시하는 것
- 백색부패 : 선의의 부패, 선의의 거짓말, 부패의 범주에 포함
- 회색부패 : 법에 규정하기는 곤란하여 윤리강령에 규정하는 부패
- 흑색부패 : 법률 등에 규정되는 위법한 사익추구 행위 등

Answer　　34. ①　　35. ⑤　　36. ①

37 **공직부패에 관한 설명으로 옳은 것은?** 2019 행정사

① 사회문화적 접근법은 공직부패의 원인에 대하여 문화적 특성, 제도상 결함, 구조상 모순 등 다양한 요인으로 설명한다.

② 체제론적 접근법은 부패의 원인을 주로 개인들의 윤리의식과 자질에서 찾는다.

③ 제도적 접근법에서 행정통제 장치의 미비는 공무원 부패의 주요 원인이다.

④ 백색부패는 부당하게 사익을 추구하는 부패의 유형이다.

⑤ 부패의 제도화 정도에 따라 거래형 부패와 사기형 부패로 나눌 수 있다.

제14절 공무원의 징계

38 **국가공무원법상 징계에 관한 설명으로 옳은 것은?** 2023 행정사

① 징계는 파면·해임·강등·강임·정직·감봉·견책으로 구분한다.

② 징계로 해임처분을 받은 때부터 5년이 지나지 아니한 자는 공무원으로 임용될 수 없다.

③ 강등은 1계급 아래로 직급을 내리고 공무원 신분은 보유하나 6개월간 직무에 종사하지 못하며 그 기간 중 보수는 2분의 1을 감한다.

④ 정직은 1개월 이상 3개월 이하의 기간으로 하고, 정직 처분을 받은 자는 그 기간 중 공무원의 신분은 보유하나 직무에 종사하지 못하며 보수는 전액을 감한다.

⑤ 감봉은 1개월 이상 3개월 이하의 기간 동안 보수의 2분의 1을 감한다.

37 ① 체제론적 접근법에 대한 설명이다.
② 도덕적 접근법에 대한 설명이다.
④ 흑색부패에 대한 설명이다.
⑤ 부패의 거래 상대방 유무에 따라 거래형 부패와 비거래형 부패로 나눌 수 있다.

※ **부패발생 원인에 대한 접근방법**

체제론적 접근	관료 개인의 속성, 제도, 사회문화적 환경 등이 복합적으로 작용한 결과
사회문화적 접근	공식적인 법규나 규범보다는 관습과 같은 사회문화적 환경에 의해 유발
제도적 접근	현실과 괴리된 법령과 모호한 법규정, 적절한 통제장치의 미비 등
도덕적 접근	관료 개인의 윤리 의식과 자질 문제
권력문화적 접근	과도한 권력집중과 이로 인한 권력남용으로 발생
구조적 접근	공무원의 잘못된 의식구조에 의해 발생
시장·교환적 접근	정치·경제 엘리트 간의 야합과 이권개입으로 발생

※ **부패의 분류**

거래 vs 비거래	• 거래형 부패 : 공무원이 금전적 이득을 얻기 위해 뇌물을 주고받는 경우 • 비거래형 부패 : 거래 당사자가 없이 공금횡령, 개인적 이익편취, 회계 부정 등
개인 vs 조직	개인의 행위 vs 조직적 행위(외부에 잘 드러나지 않음)
생계 vs 권력	생계유지 vs 정치인이나 고위공무원이 권력을 남용해 사적 이익을 추구

38 ① 징계는 파면·해임·강등·정직·감봉·견책으로 구분한다. 강임은 징계에 해당하지 않는다.
② 징계로 해임처분을 받은 때부터 3년이 지나지 아니한 자는 공무원으로 임용될 수 없다.
③ 강등은 1계급 아래로 직급을 내리고 공무원 신분은 보유하나 3개월간 직무에 종사하지 못하며 그 기간 중 보수는 전액 감한다.
⑤ 감봉은 1개월 이상 3개월 이하의 기간 동안 보수의 3분의 1을 감한다.

※ **공무원 징계의 종류**

징계의 종류		징계의 효력
중징계	파면	• 신분박탈, 5년간 공직임용 제한 • 재직기간이 5년 미만인 사람의 퇴직급여 : 4분의 1 감액 • 재직기간이 5년 이상인 사람의 퇴직급여 : 2분의 1 감액
	해임	• 신분박탈, 3년간 공직임용 제한 • 금품 및 향응 수수, 공금의 횡령·유용으로 해임된 경우 　− 재직기간이 5년 미만인 사람의 퇴직급여 : 8분의 1 감액 　− 재직기간이 5년 이상인 사람의 퇴직급여 : 4분의 1 감액
	강등	• 1계급 아래로 직급을 내리고, 공무원 신분은 보유하나 3개월간 직무에 종사하지 못하며 그 기간 중 보수는 전액 감액 • 징계처분 집행이 끝난 날부터 18개월 동안 승진임용 또는 승급할 수 없음
	정직	• 1개월 이상 3개월 이하의 기간으로 하고, 정직 처분을 받은 자는 그 기간 중 공무원의 신분은 보유하나 직무에 종사하지 못하며 보수는 전액 감액 • 징계처분 집행이 끝난 날부터 18개월 동안 승진임용 또는 승급할 수 없음
경징계	감봉	• 1개월 이상 3개월 이하의 기간 동안 보수의 3분의 1을 감액 • 징계처분 집행이 끝난 날부터 12개월 동안 승진임용 또는 승급할 수 없음
	견책	• 전과(前過)에 대하여 훈계하고 회개하게 함 • 징계처분 집행이 끝난 날부터 6개월 동안 승진임용 또는 승급할 수 없음

Answer　37. ③　38. ④

39 국가공무원법상 공무원의 징계에 관한 설명으로 옳지 않은 것은? 2019 행정사

① 징계는 파면·해임·강등·정직·감봉·견책으로 구분한다.

② 정직은 1개월 이상 3개월 이하의 기간으로 하고, 그 기간 중 보수는 3분의 2를 감한다.

③ 감봉은 1개월 이상 3개월 이하의 기간 동안 보수의 3분의 1을 감한다.

④ 견책은 전과에 대하여 훈계하고 회개하게 한다.

⑤ 징계로 해임처분을 받은 때부터 3년이 지나지 아니한 자는 공무원으로 임용될 수 없다.

40 공무원의 강등과 강임에 관한 설명으로 옳은 것은? 2016 행정사

① 강등은 직위가 폐직되거나 하위의 직위로 변경되어 과원이 된 경우에 이루어진다.

② 강임은 결원을 보충하는 방법의 하나이다.

③ 강등된 공무원은 상위 직급에 결원이 생기면 우선승진의 대상이 된다.

④ 공무원 본인이 동의하지 않으면 강등할 수 없다.

⑤ 징계의 수단으로 강임이 제도적으로 인정되고 있다.

41 현행 국가공무원법에 규정된 징계처분에 관한 설명으로 옳지 않은 것은? 2013 행정사

① 징계의 종류는 파면·해임·강등·정직·직위해제·감봉·견책으로 구분한다.

② 파면과 해임은 징계위원회의 의결을 거쳐 각 임용권자 또는 임용권을 위임한 상급 감독기관의 장이 한다.

③ 강등은 공무원 신분은 보유하나 3개월간 직무에 종사하지 못하고 그 기간 중 보수의 3분의 2를 감한다.

④ 정직은 1개월 이상 3개월 이하이며, 정직 기간 동안 공무원의 신분은 유지하되, 직무에 종사하지 못하고 보수의 3분의 2를 감한다.

⑤ 징계의결 등의 요구는 징계 등의 사유가 발생한 날부터 3년(금품 및 향응 수수, 공금의 횡령·유용의 경우에는 5년)이 지나면 하지 못한다.

42 국가공무원법상에 규정된 직위해제 사유에 해당되지 않는 자는? 2015 행정사

① 직무수행 능력이 부족한 자
② 휴직 사유가 소멸된 후에도 직무에 복귀하지 않은 자
③ 근무성적이 극히 나쁜 자
④ 파면·해임에 해당하는 징계의결이 요구 중인 자
⑤ 정직에 해당하는 징계의결이 요구 중인 자

39 ② 정직은 1개월 이상 3개월 이하의 기간으로 하고, 그 기간 중 보수는 전액 감한다.

40 ① 강임은 직위가 폐직되거나 하위의 직위로 변경되어 과원이 된 경우에 이루어진다.
③ 강임된 공무원은 상위 직급에 결원이 생기면 우선승진의 대상이 된다.
④ 강등은 징계에 해당하므로, 본인의 동의는 필요하지 않다.
⑤ 징계의 수단으로 강등이 제도적으로 인정되고 있다. 강임은 징계에 해당하지 않는다.

41 ① 직위해제는 징계에 포함되지 않는다.
③ 강등은 공무원 신분은 보유하나 3개월간 직무에 종사하지 못하고 그 기간 중 보수는 전액 감한다.
④ 정직은 1개월 이상 3개월 이하이며, 정직 기간 동안 공무원의 신분은 유지하되, 직무에 종사하지 못하고 보수는 전액 감한다.
★ 2025년 기준 국가공무원법이 개정되어, 복수 정답으로 표기함

42 ② 휴직 사유가 소멸된 후에도 직무에 복귀하지 않은 자는 직권 면직 사유에 해당한다.

※ **직위해제 사유**
• 직무수행 능력이 부족하거나 근무성적이 극히 나쁜 자
• 파면·해임·강등 또는 정직에 해당하는 징계 의결이 요구 중인 자
• 형사 사건으로 기소된 자(약식명령이 청구된 자는 제외한다)
• 고위공무원단에 속하는 일반직 공무원으로서 적격심사를 요구받은 자
• 금품비위, 성범죄 등 비위행위로 인하여 감사원 및 검찰·경찰 등 수사기관에서 조사나 수사 중인 자로서 비위의 정도가 중대하고 이로 인하여 정상적인 업무수행을 기대하기 현저히 어려운 자

Answer   39. ②   40. ②   41. ①, ③, ④   42. ②

제15절 기타 사항

43 국가공무원법상 우수 공무원으로 특별승진임용하거나 일반 승진시험에 우선 응시하게 할 수 있는 경우에 해당하지 않는 것은? 2021 행정사

① 청렴하고 투철한 봉사 정신으로 직무에 모든 힘을 다하여 공무 집행의 공정성을 유지하고 깨끗한 공직 사회를 구현하는 데에 다른 공무원의 귀감이 되는 자

② 공무원으로 10년 이상 근속하고, 정년 전에 스스로 퇴직할 때

③ 직무수행 능력이 탁월하여 행정 발전에 큰 공헌을 한 자

④ 제안제도의 운영에 있어서 제안의 채택·시행으로 국가 예산을 절감하는 등 행정운영 발전에 뚜렷한 실적이 있는 자

⑤ 재직 중 공적이 특히 뚜렷한 자가 공무로 사망한 때

44 (   )에 들어갈 B사무관의 근무 유형은? 2019 행정사

△△과 A 사무관 : ○○과죠? 업무협의 때문에 전화 드렸습니다. B 사무관님과 통화하고 싶은데요?

○○과 C 주무관 : 네. B 사무관님은 이번 달부터 10시에 출근하고 19시에 퇴근하십니다. 조금 후 10시 이후에 다시 전화 바랍니다.

△△과 A 사무관 : 아, 알겠습니다. B 사무관님께서 (   )를 신청하셨군요.

① 재택근무제　　　　② 집약근무제　　　　③ 시차출퇴근제
④ 재량근무제　　　　⑤ 원격근무제

45 공무원 A는 주 5일 대중교통으로 출퇴근한다. 코로나19 사태로 인해 재택근무를 하고 싶으나 그가 맡은 업무는 정형적이면서도 보안을 유지해야 하는 특성이 있어 집에서 일할 수 없고 반드시 주 5일 출근을 해야만 한다. 대중교통 이용 시 사람들과의 접촉을 최소화하기 위하여 A가 택할 수 있는 가장 적합한 탄력근무 방식으로 묶인 것은? 2020 행정사

ㄱ. 시간선택제 전환근무　　　　ㄴ. 시차출퇴근제
ㄷ. 원격근무제　　　　ㄹ. 재량근무제
ㅁ. 근무시간선택제

① ㄱ, ㄴ　　　② ㄱ, ㄹ　　　③ ㄴ, ㅁ　　　④ ㄷ, ㄹ　　　⑤ ㄷ, ㅁ

43 국가공무원법 제40조의4(우수 공무원 등의 특별승진) ① 공무원이 다음 각 호의 어느 하나에 해당하면 제40조 및 제40조의2에도 불구하고 특별승진임용하거나 일반 승진시험에 우선 응시하게 할 수 있다.

1. 청렴하고 투철한 봉사 정신으로 직무에 모든 힘을 다하여 공무 집행의 공정성을 유지하고 깨끗한 공직 사회를 구현하는 데에 다른 공무원의 귀감(龜鑑)이 되는 자
2. 직무수행 능력이 탁월하여 행정 발전에 큰 공헌을 한 자
3. 제53조에 따른 제안의 채택·시행으로 국가 예산을 절감하는 등 행정 운영 발전에 뚜렷한 실적이 있는 자
4. 재직 중 공적이 특히 뚜렷한 자가 제74조의2에 따라 명예퇴직할 때
5. 재직 중 공적이 특히 뚜렷한 자가 공무로 사망한 때

제74조의2(명예퇴직 등) ① 공무원으로 20년 이상 근속(勤續)한 자가 정년 전에 스스로 퇴직(임기제 공무원이 아닌 경력직 공무원이 임기제 공무원으로 임용되어 퇴직하는 경우로서 대통령령으로 정하는 경우를 포함한다)하면 예산의 범위에서 명예퇴직 수당을 지급할 수 있다.

44 대화 내용을 보면, B사무관의 출퇴근 시간은 조정되며, 8시간 근무체제(점심시간 1시간 제외)를 유지한다. 따라서 시차출퇴근제에 해당한다.

※ 유연근무제의 유형

유형		활용방법
탄력 근무제		주 40시간 근무하되, 출퇴근시각·근무시간·근무일을 자율 조정
	시차출퇴근형	기본개념 : 1일 8시간 근무체제 유지, 출퇴근시간 자율 조정
	근무시간선택형	기본개념 : 일 8시간에 구애받지 않음(일 4~12시간 근무), 주 5일 근무 준수
	집약근무형	기본개념 : 일 8시간에 구애받지 않음(일 4~12시간 근무), 주 3.5~4일 근무
재량 근무제		근무시간, 근무장소 등에 구애받지 않고 구체적인 업무성과를 토대로 근무한 것으로 간주하는 근무형태 • 기본개념 : 출퇴근 의무 없이 프로젝트 수행으로 주 40시간 인정 • 실시기간 : 기관과 개인이 합의 • 신청시기 : 수시 • 고도의 전문적 지식과 기술이 필요해 업무수행 방법이나 시간배분을 담당자의 재량에 맡길 필요가 있는 분야
원격 근무제		특정한 근무장소를 정하지 않고 정보통신망을 이용하여 근무
	재택근무형	• 기본개념 : 사무실이 아닌 자택에서 근무 • 초과근무 : 사전에 부서장의 긴급 초과 근무명령을 받은 경우에만 예외적으로 인정
	스마트워크 근무형	• 기본개념 : 자택 인근 스마트워크센터 등 별도 사무실에서 근무 • 초과근무 : 사전에 부서장 승인 시에만 인정

45 ③ 주 5일제를 유지하는 것은 시차출퇴근제와 근무시간선택제이다.

※ 시간선택제 공무원제도

주당 15시간 이상 35시간 이하를 근무하는 일반직 공무원을 채용하는 제도로, 유연근무제와 정부의 일자리 나누기 정책의 일환으로 2014년 국가직, 지방직 공무원 시험부터 실시하였다.

Answer   43. ②   44. ③   45. ③

행정사
김재준 행정학개론

재무

제1절 재무행정 개요

01 **특별회계제도에 관한 설명으로 옳은 것은?** 2017 행정사

① 예산집행부서의 재량을 억제하여 책임성을 제고시킨다.

② 예산단일의 원칙을 준수하는 데 유리하다.

③ 특별회계는 행정각부의 명령으로 설치할 수 있다.

④ 예산통일의 원칙의 예외에 해당하는 제도이다.

⑤ 예산제도가 단순해지므로 국가 재정의 통합적 관리에 유리하다.

02 **특별회계제도에 관한 설명으로 옳은 것은?** 2021 행정사

① 예산집행부서의 재량을 억제하여 책임성을 제고시킨다.

② 예산단일의 원칙을 준수하는 데 유리하다.

③ 대통령령으로 설치된다.

④ 예산통일의 원칙이 적용되는 제도이다.

⑤ 예산제도가 복잡해지므로 국가재정의 통합적 관리를 어렵게 한다.

03 우리나라 예산과정에 관한 설명으로 옳은 것을 모두 고른 것은? 2021 행정사

> ㄱ. 예산편성은 기획재정부가 예산안편성지침을 작성하고 각 중앙행정기관의장에게 시달하여 중기사업계획서를 제출받으면서 시작한다.
> ㄴ. 정부예산안은 국무회의의 심의와 대통령의 재가로 확정되고 회계연도 개시 120일 전까지 국회에 제출하여야 한다.
> ㄷ. 국회 예산결산특별위원회가 11월 30일까지 예산안 심사를 마치지 않으면 원칙적으로 그 다음 날에 위원회에서 심사를 마치고 바로 본회의에 부의된 것으로 본다.
> ㄹ. 국회에서 예산안이 통과되는 즉시 각 중앙행정기관장은 원칙적으로 기관의 전체 예산을 배정받아 관련 집행 부서에서 바로 집행할 수 있다.

① ㄱ, ㄴ ② ㄱ, ㄷ

③ ㄴ, ㄷ ④ ㄴ, ㄹ

⑤ ㄷ, ㄹ

01 ① 예산집행부서의 재량을 높인다.
② 예산단일의 원칙의 예외에 해당한다.
③ 특별회계는 법률로 설치한다.
⑤ 특별회계로 인하여 예산제도가 복잡해진다.

02 ① 특별회계제도는 재정운영 주체의 자율성 증대를 통해 운영의 효율성을 높이고 책임성을 제고시킨다.
② 특별회계제도는 국가의 예산은 하나로 존재해야 한다는 예산단일성의 원칙의 예외에 해당한다.
③ 특별회계는 법률로 설치된다.
④ 예산통일성의 원칙은 모든 수입은 국고에 편입되고 여기에서부터 지출한다는 원칙으로 특별회계는 예산통일성의 예외에 해당한다.

03 ㄱ. 예산편성은 기획재정부가 중기사업계획서를 제출 받고(1. 31.까지) 각 중앙관서의 장에게 예산안편성지침을 통보(3. 31.까지)하는 순으로 시작한다.
ㄹ. 예산안이 통과되면 기획재정부장관이 중앙행정기관의 장으로부터 예산배정요구서 받은 후, 분기별 예산배정계획을 작성하여 국무회의의 심의를 거친 후 대통령의 승인을 받아 배정한다.

Answer 01. ④   02. ⑤   03. ③

04 예산절차상의 특징에 따른 예산의 유형에 관한 설명으로 옳은 것은? 2013 행정사

① 본예산은 정기국회의 심의를 거쳐 확정된 최초의 예산으로 당초예산이라고도 한다.

② 수정예산은 예산이 국회를 통과한 이후 예산집행과정에서 다시 제출되는 예산이다.

③ 추가경정예산은 예산안이 제출된 이후 국회의결 이전에 기존안의 일부를 수정해 제출한 예산이다.

④ 준예산은 새로운 회계연도가 시작되는 날로부터 최초 수개월분의 일정한 금액의 예산을 정부가 집행할 수 있게 허가하는 제도이다.

⑤ 잠정예산은 회계연도 개시 전에 예산이 의결되지 못하는 경우를 대비해 의회가 미리 1개월분 예산만 의결해 정부로 하여금 집행할 수 있도록 하는 예산이다.

제2절 국가재정법 총칙

05 국가재정법에 규정된 내용으로 옳지 않은 것은?

① "독립기관"이라 함은 국회·대법원·헌법재판소 및 중앙선거관리위원회를 말한다.

② 정부는 매년 해당 회계연도부터 10회계연도 이상의 기간에 대한 국가재정운용계획을 수립하여 회계연도 개시 150일 전까지 국회에 제출해야 한다.

③ 정부는 국가와 지방자치단체의 재정에 관한 중요한 사항을 매년 1회 이상 정보통신매체·인쇄물 등 적당한 방법으로 알기 쉽고 투명하게 공표해야 한다.

④ 기획재정부장관은 재정운용에 대한 의견수렴을 위하여 각 중앙관서와 지방자치단체의 공무원 및 민간 전문가 등으로 구성된 재정정책자문회를 운영해야 한다.

⑤ 정부는 회계 및 기금의 목적 수행에 지장을 초래하지 아니하는 범위 안에서 회계와 기금 간 또는 회계 및 기금 상호 간에 여유재원을 전입 또는 전출하여 통합적으로 활용할 수 있다.

제3절 국가재정법 예산총칙

06 정부가 회계연도 개시 120일 전까지 국회에 제출하는 예산안의 구성요소가 아닌 것은?

2022 행정사

① 예산총칙
② 세입세출예산
③ 계속비
④ 명시이월비
⑤ 국가결산보고서

07 우리나라 국가재정법에서 총괄적으로 규정하고 있는 예산총칙의 사항을 모두 고른 것은?

2018 행정사

ㄱ. 계속비	ㄴ. 세입세출예산
ㄷ. 명시이월비	ㄹ. 국고채무부담행위

① ㄱ, ㄴ
② ㄱ, ㄹ
③ ㄴ, ㄷ
④ ㄴ, ㄷ, ㄹ
⑤ ㄱ, ㄴ, ㄷ, ㄹ

---

04 ② 추가경정예산에 대한 설명이다.
③ 수정예산에 대한 설명이다.
④ 준예산은 별도의 기간 명시가 없다.

구분	기간	국회의결	지출항목	채택국가
준예산	기간 명시 없음	불필요	한정적	우리나라, 독일
가예산	1개월	필요	전반적	우리나라 1960년 이전, 프랑스
잠정예산	몇 개월	필요	전반적	미국, 일본, 영국, 캐나다

⑤ 가예산에 대한 설명이다.

05 ② 정부는 매년 해당 회계연도부터 5회계연도 이상의 기간에 대한 국가재정운용계획을 수립하여 회계연도 개시 120일 전까지 국회에 제출해야 한다.

06 예산의 구성: 예산총칙·세입세출예산·계속비·명시이월비, 국고채무부담행위

07 예산총칙은 세입세출예산·계속비·명시이월비, 국고채무부담행위에 대한 총괄적 규정을 두고 있다.

Answer 04. ①　05. ②　06. ⑤　07. ⑤

제4절 우리나라 예산안의 편성

08 **국가재정법에 관한 설명으로 옳지 않은 것은?** 2025 행정사

① 정부는 예산이 여성과 남성에게 미칠 영향을 미리 분석한 보고서인 성인지예산서를 작성하여야 한다.

② 정부가 감사원의 세출예산요구액을 감액하고자 할 때에는 재정정책자문회의에서 감사원장의 의견을 들어야 한다.

③ 정부는 감사원의 검사를 거친 국가결산보고서를 다음 연도 5월 31일까지 국회에 제출해야 한다.

④ 정부는 예산이 온실가스를 감축하는 방향으로 집행되었는지를 평가하는 보고서인 온실가스감축인지 결산서를 작성하여야 한다.

⑤ 정부는 조세지출예산서를 작성하고, 국회에 제출하는 예산안의 첨부서류에 이를 포함해야 한다.

09 **우리나라가 시행 중인 재정관리혁신 조치의 하나인 예비타당성 조사에 관한 설명으로 옳지 않은 것은?** 2020 행정사

① 대규모 공공투자사업의 타당성을 분석하고 그 결과에 따라 재정사업의 신규투자 여부를 결정한다.

② 2000회계연도 예산을 편성할 때부터 적용되었다.

③ 한국개발연구원, 한국조세재정연구원 등 법령으로 정하는 지정기준을 갖춘 전문기관이 수행할 수 있다.

④ 정책성 분석을 배제하고 경제성 분석에 집중한다.

⑤ 이 제도 도입 이전인 1994년부터 무분별한 사업비 증가를 방지하려는 총사업비관리제도가 운영되고 있다.

제5절 예산(안)의 심의

10 우리나라 예산심의에 관한 설명으로 옳지 않은 것은? 2016 행정사

① 국회는 국가의 예산안을 심의·확정한다.

② 국회는 정부예산에 대한 통제권을 가지므로 정부의 동의 없이 지출예산 각 항의 금액을 증가할 수 있다.

③ 국회는 회계연도 개시 30일 전까지 예산안을 의결하여야 한다.

④ 국회는 정부의 동의 없이 새로운 비목을 설치할 수 없다.

⑤ 국회에 제출된 예산안은 소관상임위원회의 예비심사를 거친다.

11 현행 우리나라의 예산제도에 관한 설명으로 옳지 않은 것은? 2013 행정사

① 정부는 국회에서 추가경정예산안이 확정되기 전에 이를 미리 배정하거나 집행할 수 없다.

② 조세지출예산은 조세감면의 구체적인 내역을 예산구조로써 밝히는 것이다.

③ 우리나라는 준예산 제도를 채택하고 있다.

④ 국회는 정부가 제출한 기금운용계획안의 주요항목 지출금액을 증액하고자 할 때에는 정부의 동의를 얻을 필요가 없다.

⑤ 예산총계주의 원칙의 예외로 전대차관(轉貸借款) 등을 인정하고 있다.

---

08 ② 정부가 감사원의 세출예산요구액을 감액하고자 할 때에는 국무회의에서 감사원장의 의견을 들어야 한다.

09 ④ 예비타당성 조사는 경제성 및 정책적 필요성을 종합적으로 검토하여 사업의 추진 여부를 결정한다.

※ 예비타당성조사(1999년 도입)
- 목적 : 대규모 신규 사업의 예산 낭비 방지 및 재정운영의 효율성을 제고
- 실시기관 : 기획재정부장관
- 대상사업 : 총사업비가 500억 원 이상, 국가의 재정지원 규모가 300억 원 이상인 신규 사업
- 대상제외 : 공공청사, 교정시설, 초·중등 교육시설의 신·증축 사업, 문화재 복원사업, 국가안보와 관계되거나 보안이 필요한 국방 관련 사업 등
- 절차 : 예산을 편성하기 위하여 미리 예비타당성조사를 실시하고, 그 결과를 요약하여 국회 소관 상임위원회와 예산결산특별위원회에 제출해야 함
- 경제성 및 정책적 필요성을 종합적으로 검토하여 사업의 추진 여부를 결정

10 ② 국회는 정부의 동의 없이 지출예산 각 항의 금액을 증가할 수 없다.

11 ④ 국회는 정부가 제출한 기금운용계획안의 주요항목 지출금액을 증액하고자 할 때에는 정부의 동의를 얻어야 한다.

Answer 08. ② 09. ④ 10. ② 11. ④

제6절 우리나라 예산의 집행

12 예산이 성립하지 않을 때 중앙정부가 사용하는 예산제도에 관한 설명으로 옳지 않은 것은?

2017 행정사

① 우리나라는 1960년도 이후부터 준예산제도를 채택하고 있다.
② 우리나라는 회계연도 개시 30일 전까지 국회에서 예산안이 의결되지 못하는 경우 준예산을 사용할 수 있다.
③ 우리나라의 제1공화국 때는 가예산제도를 사용했다.
④ 영국, 캐나다, 일본 등은 잠정예산제도를 사용하고 있다.
⑤ 우리나라는 준예산제도를 실제 사용해 본 경험이 없다.

제7절 우리나라 예산의 결산

13 국회의 예산결산에 관한 설명으로 옳지 않은 것은? 2022 행정사

① 결산 심의를 한 결과 문제가 있는 특정사안에 대하여 감사원에 감사를 요구할 수 있다.
② 결산은 회계연도에서 국가의 수입과 지출 실적을 확정적 계수로 표시하는 행위이다.
③ 예산의 범위 내에서 재정활동을 했는지 확인하고 그 결과를 재정운용에 반영하는 과정이다.
④ 부당한 지출이 발견된 경우 그 책임을 요구하고 무효화할 수 있다.
⑤ 재정운용의 비능률이 발견된 경우 시정을 요구할 수 있고 차년도 예산과정에서 쟁점화될 수 있다.

14 국가재정법상 기금에 관한 설명으로 옳지 않은 것은? 2015 행정사

① 기금관리주체는 지출계획의 주요항목 지출금액의 범위 안에서 대통령령이 정하는 바에 따라 세부항목 지출금액을 변경할 수 있다.

② 정부는 주요항목 단위로 마련된 기금운용계획안을 회계연도 개시 90일 전까지 국회에 제출하여야 한다.

③ 국회는 정부가 제출한 기금운용계획안의 주요항목 지출금액을 증액하거나 새로운 과목을 설치하고자 하는 때에는 미리 정부의 동의를 얻어야 한다.

④ 정부는 기금이 여성과 남성에 미칠 영향을 미리 분석한 보고서를 작성하여야 한다.

⑤ 국가가 특정한 목적을 위하여 특정한 자금을 신축적으로 운용할 필요가 있을 때에 한하여 법률로써 설치한다.

---

12 ② 우리나라는 회계연도가 개시될 때까지 국회에서 예산안이 의결되지 못하는 경우 준예산을 사용할 수 있다.
①, ⑤ 우리나라는 1960년에 준예산제도를 도입했다. 단, 실제로 사용한 적은 없다.
③ 우리나라의 제1공화국 시기는 1948~1960년이다. 1960년 준예산제도 도입 전에는 가예산제도를 사용했다.
④ 잠정예산제도를 사용하는 국가는 미국, 영국, 캐나다, 일본 등이다.

13 ④ 부당한 지출이 발견되더라도 그 책임을 요구할 수 있으나 무효화할 수 없다.

14 ② 정부는 주요항목 단위로 마련된 기금운용계획안을 회계연도 개시 120일 전까지 국회에 제출하여야 한다.

Answer 12. ② 13. ④ 14. ②

제9절 성과관리

15 국가재정법상 성과에 관한 설명으로 옳지 않은 것은?

① 정부는 재정사업 성과관리를 통하여 재정운용에 대한 효율성과 책임성을 높이도록 노력하여야 한다.

② 정부는 재정사업 성과관리를 실시할 때 전문성과 공정성을 확보하여 평가결과에 대한 신뢰도를 높이도록 노력하여야 한다.

③ 정부는 재정사업 성과관리의 결과를 공개하여 재정운용에 대한 투명성을 확보하도록 노력하여야 한다.

④ 행정안전부장관은 재정사업 성과관리를 효율적으로 실시하기 위하여 5년마다 재정사업 성과관리 기본계획을 수립하여야 한다.

⑤ 각 중앙관서의 장 및 기금관리주체는 재정사업 성과목표관리를 위하여 매년 예산 및 기금에 관한 성과목표·성과지표가 포함된 성과계획서 및 성과보고서를 작성하여야 한다.

제10절 재정건전화

16 추가경정예산을 편성할 수 있는 경우를 모두 고르면?

> ㄱ. 부동산 경기 등 경기부양
> ㄴ. 전쟁이나 대규모 자연재해 발생
> ㄷ. 경기침체, 대량실업, 남북관계의 변화 등 중대한 변화 발생
> ㄹ. 법령에 따라 국가가 지급해야 하는 지출이 발생하거나 증가
> ㅁ. 경제협력, 해외원조를 위한 지출을 예비비로 충당해야 할 우려가 있는 경우

① ㄱ, ㄴ
② ㄱ, ㄷ, ㅁ
③ ㄴ, ㄷ, ㄹ
④ ㄴ, ㄹ, ㅁ
⑤ ㄷ, ㄹ, ㅁ

제11절 | 예산

17 **우리나라 예산제도에 관한 설명으로 옳은 것은?** 2025 행정사

① 정부는 국회에서 추가경정예산이 확정되기 전에 이를 미리 배정하거나 집행할 수 있다.

② 예산법률주의를 채택하고 있다.

③ 국회는 정부가 제출한 기금운용계획안의 주요항목 지출금액을 증액하고자 하는 때에는 미리 정부의 동의를 얻어야 한다.

④ 예산 불성립에 대비하기 위한 제도로 가예산제도를 채택하고 있다.

⑤ 의결된 법률과 예산안에 대한 대외적인 효력을 인정받기 위해서는 공포절차가 필요하다.

---

15 ④ 기획재정부장관은 재정사업 성과관리를 효율적으로 실시하기 위하여 5년마다 재정사업 성과관리 기본계획을 수립하여야 한다.

16 정부는 확정된 예산에 변경을 가할 필요가 있는 경우에는 추가경정예산안을 편성할 수 있다.
- 전쟁이나 대규모 재해가 발생한 경우
- 경기침체, 대량실업, 남북관계의 변화, 경제협력과 같은 대내·외 여건에 중대한 변화가 발생하였거나 발생할 우려가 있는 경우
- 법령에 따라 국가가 지급하여야 하는 지출이 발생하거나 증가하는 경우

17 ① 정부는 국회에서 추가경정예산이 확정되기 전에 이를 미리 배정하거나 집행할 수 없다.
② 우리나라는 예산주의를 채택하고 있다.
④ 우리나라는 예산 불성립에 대비하기 위한 제도로 준예산제도를 채택하고 있다.
⑤ 예산안은 별도의 공포절차가 필요없다.

Answer 15. ④ 16. ③ 17. ③

18 우리나라 제도에 관한 다음 설명 중 옳은 것을 모두 고른 것은? 2016 행정사

> ㄱ. 법률안은 국회의원과 정부가 제출할 수 있지만, 예산안은 정부만 제출할 수 있다.
> ㄴ. 대통령은 국회가 의결한 예산에 대해 재의를 요구할 수 없다.
> ㄷ. 법률안과 예산안은 국회에서 의결된 후 공포 절차를 거쳐야 효력이 발생한다.
> ㄹ. 국회는 정부예산안에 대한 심의거부권을 가지고 있다.

① ㄱ, ㄴ
② ㄱ, ㄷ
③ ㄴ, ㄷ
④ ㄴ, ㄹ
⑤ ㄷ, ㄹ

제12절 예산의 원칙

19 전통적 예산원칙과 대비되는 현대적 예산원칙으로 옳은 것을 모두 고른 것은? 2023 행정사

> ㄱ. 사업계획과 예산편성은 유기적으로 이루어져야 하고 계획된 예산은 경제적으로 집행해야 한다.
> ㄴ. 국민에게 필요 이상의 돈을 거두어서는 안 되며 계획대로 정확히 지출해야 한다.
> ㄷ. 예산의 편성, 심의, 집행은 공식적인 보고에 기초를 두어야 한다.
> ㄹ. 예산구조나 과목은 국민들이 이해하기 쉽게 단순해야 한다.

① ㄱ, ㄴ
② ㄱ, ㄷ
③ ㄴ, ㄷ
④ ㄴ, ㄹ
⑤ ㄷ, ㄹ

20 다음에서 설명하는 예산원칙은? 2017 행정사

> 국가재정법 제17조 ① 한 회계연도의 모든 수입을 세입으로 하고, 모든 지출을 세출로 한다. ② 제53조에 규정된 사항을 제외하고는 세입과 세출은 모두 예산에 계상하여야 한다.

① 예산총계주의 원칙 ② 예산사전의결의 원칙
③ 예산통일의 원칙 ④ 예산한정성의 원칙
⑤ 예산공개의 원칙

18 ㄷ. 법률안은 공포 절차가 필요하지만, 예산안은 국회에서 의결 후 별도의 공포 절차 없이 효력이 발생한다.
ㄹ. 국회는 정부예산안에 대한 심의거부권이 없다.

19 ※ 예산의 현대적 원칙[스미스(Harold D. Smith)]: 행정부 우위(행정부 재량)

보고의 원칙	예산의 편성, 심의, 집행은 공식적인 형식을 가진 재정 보고 및 업무 보고에 기초를 두어야 함
책임의 원칙	예산집행 시 합법성, 경제성 등을 추구해야 함
계획의 원칙	예산에 사업계획을 충실히 반영해야 함
재량의 원칙	예산집행의 재량을 부여해야 함
시기신축성의 원칙	예산집행 시기의 신축성을 부여해야 함
다원적 절차의 원칙	예산절차의 다양성을 부여해야 함
예산관리수단 확보의 원칙	예산 통제와 신축성의 조화를 위한 다양한 관리 수단을 확보해야 함
상호교류적 예산기구의 원칙	중앙예산기관(기획재정부)과 기관 내 예산기관은 상호교류·협력해야 함

20 ※ 고전적 원칙[노이마르크(Neumark)]: 입법부 우위(통제 위주)

공개성의 원칙	모든 예산은 공개되어야 함(예외: 국방비·국가정보원 예산)
명확성의 원칙	예산의 구조나 과목은 이해하기 쉽고 단순해야 함(예외: 총액계상예산)
단일성의 원칙	국가의 예산은 하나로 존재해야 함(예외: 특별회계, 추가경정예산, 기금)
총계주의 원칙 (완전성의 원칙)	한 회계연도의 세입과 세출은 모두 예산에 계상해야 함(예외: 수입대체경비, 현물로 출자, 외국차관의 전대, 차관물자대, 순계예산, 기금)
통일성의 원칙	특정수입과 특정지출의 연계 금지, 모든 수입은 국고에 편입되고 여기에서부터 지출해야 함(예외: 특별회계, 기금, 목적세, 수입대체경비)
사전의결의 원칙	회계연도 개시 전에 예산을 확정해야 함(예외: 전용, 사고이월, 준예산, 재정상 긴급명령, 선결처분)
정확성(엄밀성)의 원칙	예산은 결산과 일치해야 함(예외: 적자 또는 불용액 발생)
한정성(한계성)의 원칙	주어진 목적, 규모, 시간(기간)에 따라 집행해야 함 • 사용목적의 예외: 이용과 전용 • 규모의 예외: 예비비, 추가경정예산 • 시간의 예외: 이월, 계속비

Answer   18. ①   19. ②   20. ①

21 예산의 일반 원칙과 예외 사항이 옳게 묶인 것은? 2019 행정사

① 사전의결의 원칙 − 목적세

② 공개성의 원칙 − 수입대체경비

③ 통일성의 원칙 − 추가경정예산

④ 한정성의 원칙 − 준예산

⑤ 완전성의 원칙 − 전대차관

22 행정부 우위의 현대적 예산원칙에 해당되는 것을 모두 고른 것은? 2014 행정사

ㄱ. 사전승인의 원칙	ㄴ. 예산관리수단 확보의 원칙
ㄷ. 보고의 원칙	ㄹ. 엄밀성의 원칙
ㅁ. 사업계획의 원칙	ㅂ. 한정성의 원칙
ㅅ. 시기신축성의 원칙	ㅇ. 책임의 원칙
ㅈ. 명료성의 원칙	

① ㄱ, ㄴ, ㄹ, ㅇ, ㅈ

② ㄱ, ㄷ, ㄹ, ㅁ, ㅇ

③ ㄴ, ㄷ, ㅁ, ㅅ, ㅇ

④ ㄴ, ㄷ, ㅁ, ㅂ, ㅈ

⑤ ㄷ, ㄹ, ㅁ, ㅂ, ㅅ

제13절 우리나라 예산의 신축성

23 다음 예산의 원칙과 예외의 연결이 옳지 않은 것은? 2024 행정사

① 사전의결의 원칙 − 준예산

② 한정성의 원칙 − 사고이월

③ 통일의 원칙 − 교육세

④ 단일의 원칙 − 특별회계

⑤ 예산총계주의 원칙 − 기금

24 예산집행의 신축성을 유지하기 위한 제도적 장치가 아닌 것은? 2016 행정사

① 총액계상제도　　　　　　　　② 예산의 이용과 이체
③ 예산의 전용　　　　　　　　　④ 예비비
⑤ 예산의 정기배정

---

21 ① 목적세는 통일성의 원칙 예외이다.
② 수입대체경비는 완전성 및 통일성의 원칙 예외이다.
③ 추가경정예산은 한정성 및 단일성의 원칙 예외이다.
④ 준예산은 사전의결의 원칙 예외이다.

22 행정부 우위의 현대적 예산원칙은 예산관리수단 확보의 원칙, 보고의 원칙, 사업계획의 원칙, 시기신축성의 원칙, 책임의 원칙이다.

23 가답안에서는 ⑤를 정답으로 발표하였는데, 해당 가답안은 국가재정법 제53조에서 정하고 있는 '수입대체경비', '현물로 출자하는 경우와 외국차관을 도입하여 전대', '차관물자대', '전대차관을 상환하는 경우'를 적용하여 발표한 것으로 보인다. 하지만 우리나라 지방재정법 제34조 제3항에 따르면 기금에 대해서 세입·세출예산 외로 처리할 수 있다고 정하고 있다. 문제는 '국가재정법 제53조'로 한정하고 있지 않으므로 기금도 예산총계주의 원칙의 예외로 볼 수 있다.

> 지방재정법 제34조(예산총계주의의 원칙) ① 한 회계연도의 모든 수입을 세입으로 하고 모든 지출을 세출로 한다.
> ② 세입과 세출은 모두 예산에 편입하여야 한다.
> ③ 지방자치단체가 현물로 출자하는 경우와 「지방자치단체 기금관리기본법」 제2조에 따른 기금을 운용하는 경우 또는 그 밖에 대통령령으로 정하는 사유로 보관할 의무가 있는 현금이나 유가증권이 있는 경우에는 제2항에도 불구하고 이를 세입·세출예산 외로 처리할 수 있다.

24 ⑤ 예산의 정기배정은 예산집행을 통제하기 위한 제도이다.
※ **우리나라 예산의 신축성을 위한 제도**

총액(계상)예산	구체적 용도를 제한하지 아니하고 포괄적인 지출을 허용, 지방교부세 등 포괄보조금과 같은 형식
이용과 전용	예산의 목적 외 사용을 허용
추가경정예산	예산이 성립된 이후 상황 변화에 대처하기 위해 국회의결을 받아 편성
계속비	완공에 수년이 소요되는 사업의 총액과 연부금을 정하여 국회에서 의결
이체	중앙관서의 직무와 권한에 변동이 있는 때
이월	예산을 당해 회계연도에 집행하지 않고 다음 연도에 넘겨 사용
예비비	예측할 수 없는 예산 외의 지출 또는 예산초과지출에 충당
국고채무 부담행위	법률에 따른 것과 세출예산금액 또는 계속비 총액의 범위 안의 것 외에 채무를 부담하는 행위는 미리 예산으로써 국회의 의결을 얻어야 함
수입대체경비	용역 또는 시설을 제공하여 발생하는 수입과 관련되는 경비로서 수입이 예산을 초과하거나 초과할 것이 예상되는 때에는 그 초과수입을 그 초과수입에 직접 관련되는 경비 및 이에 수반되는 경비에 초과지출할 수 있음

Answer　　21. ⑤　　22. ③　　23. 정답없음　　24. ⑤

제14절 예산결정이론

25 점증주의 예산이론에 관한 설명으로 옳지 않은 것은? 2025 행정사

① 인간의 능력부족과 환경의 불확실성에 기초한 제한된 합리성을 전제로 한다.

② 예산 결정은 전년도 예산 규모에 근거해 소폭의 변화만이 이뤄질 뿐이라고 주장한다.

③ 이해당사자들의 협상과 적응 등 상호 조절과정을 강조한다.

④ 사회적 불안정성이 높은 경우 예산 결정을 설명하기 힘들다.

⑤ 전년대비 5% 미만의 소폭적 변화를 점증성의 판단기준으로 한다.

제15절 재정정책을 위한 예산

26 성인지예산제도에 관한 설명으로 옳지 않은 것은? 2020 행정사

① 2010회계연도부터 우리나라 정부예산에 실제 시행되었다.

② 예산이 남성이 아니라 여성에게 미치는 효과를 분석하여 양성평등을 위한 예산집행을 추구한다.

③ 성인지 예산서에는 성평등 기대효과, 성과목표, 성별 수혜분석 등을 포함하여야 한다.

④ 양성평등을 위한 정책의 결과(성인지예산서 작성)와 과정(예산의 성별 영향 분석과정)을 동시에 추구한다.

⑤ 예산과정에 대한 성 주류화의 적용으로 양성평등을 위한 실질적인 예산배분의 변화를 추구한다.

27 입법기관이 따로 조치를 취하지 않는 한 정부의 사업 또는 조직이 미리 정한 기간이 지나면 자동적으로 폐지 또는 폐기되도록 하는 제도는? 2017 행정사

① 감축관리제   ② 일출제

③ 목표관리제   ④ 영기준예산제

⑤ 일몰제

제16절 예산의 분류

28 예산 내용의 일반적인 분류방법에 해당하지 않는 것은? 2023 행정사

① 품목별 분류
② 조직별 분류
③ 기능별 분류
④ 경제 성질별 분류
⑤ 정치적 분류

---

25 ⑤ 점증성 정도의 판단기준은 명확하지 않다.

26 ② 성인지 예산은 예산이 남성과 여성에게 미치는 효과를 분석하여 양성평등을 위한 예산집행을 추구한다.

27 ⑤ 일몰제 예산은 타당성이 없다고 판명되면 자동적으로 폐지하는 제도로 입법기관이 재검토한다.

28 ※ 예산의 분류

품목별(성질별) 분류	인건비, 교육훈련비 등 공통적인 지출 항목별로 분류, 사업의 지출성과와 결과에 대한 측정이 곤란, 예산집행의 신축성을 저해
기능별 분류	국방, 교육, 농림수산 등 정부활동을 중심으로 분류, 시민을 위한 분류, 회계책임이 불명확
조직별 분류	예산을 사용하는 조직별로 분류, 지출 목적이나 성과파악이 어려움
경제 성질별 분류	국민경제에 미치는 총체적인 효과가 어떠한가를 기준으로 분류, 예컨대 자본지출과 경상지출로 구분할 수 있음
프로그램별 분류	• 프로그램은 예산 및 성과관리의 기본단위로서 정책과 성과중심의 예산운영 • 자원배분의 투명성 확보, 국민이 예산 사업을 쉽게 이해할 수 있음

Answer 25. ⑤ 26. ② 27. ⑤ 28. ⑤

29 **우리나라 정부예산에 관한 설명으로 옳은 것은?** 2018 행정사

① 정부는 예산이 여성과 남성에게 미치는 효과를 평가하고, 그 결과를 정부의 예산편성에 반영하기 위하여 노력하여야 한다.

② 예산은 재원 조달 및 배분이라는 관점에서 예산총계와 예산순계로 구분된다.

③ 기능별 분류방식은 세출예산보다는 세입예산의 분류에 적합하다.

④ 예산은 회계 간 중복 거래 금액의 포함 여부에 따라 세입예산과 세출예산으로 구분된다.

⑤ 사업별 분류방식이 조직별 분류방식보다 독립된 행정부서의 예산 상황을 이해하는 데 더 유용하다.

제17절 예산제도

30 **시민이나 의원이 집행결과를 쉽게 이해할 수 있으며 정부의 예산 투입과 산출을 연계시키는 예산제도는?** 2024 행정사

① 일몰 예산제도

② 성과주의 예산제도

③ 영기준 예산제도

④ 계획 예산제도

⑤ 자본 예산제도

31 예산제도의 등장 순으로 옳게 나열한 것은? ^{2020 행정사}

> ㄱ. 영기준예산   ㄴ. 계획예산(PPBS)
> ㄷ. 품목별예산   ㄹ. 성과주의예산
> ㅁ. 결과지향예산

① ㄱ－ㄷ－ㄴ－ㄹ－ㅁ   ② ㄷ－ㄱ－ㄹ－ㄴ－ㅁ

③ ㄷ－ㄹ－ㄴ－ㄱ－ㅁ   ④ ㄹ－ㄱ－ㅁ－ㄷ－ㄴ

⑤ ㄹ－ㄷ－ㄱ－ㄴ－ㅁ

29 ② 예산은 재원 조달 및 배분이라는 관점에서 세입예산과 세출예산으로 구분된다.
③ 기능별 분류방식은 세입예산보다는 세출예산의 분류에 적합하다.
④ 예산은 회계 간 중복 거래 금액의 포함 여부에 따라 예산총계와 예산순계로 구분된다.
⑤ 조직별 분류방식이 사업별 분류방식보다 독립된 행정부서의 예산 상황을 이해하는 데 더 유용하다.

30 ① 일몰 예산제도: 특정 조직이나 사업에 대해 존속시킬 타당성이 없다고 판명되면 자동적으로 폐지하는 예산제도이다.
③ 영기준 예산제도: 백지상태에서 모든 사업을 평가하여 우선순위를 정하는 예산제도이다.
④ 계획 예산제도: 기획과 사업구조화(프로그램), 그리고 예산을 연계시키는 시스템적 예산제도이다.
⑤ 자본 예산제도: 경기침체 시 적자예산을, 경기과열 시 흑자예산을 편성하여 경기변동의 조절에 도움을 주는 예산제도이다.

31 ※ 예산제도의 변화(등장순)

품목별예산제도	투입 중심, 통제 지향적, 예산심의 및 회계책임 용이, 사업과 그 효과에 대한 명확한 정보를 제공하지 못함, 많은 국가에서 여전히 활용 중
성과주의예산제도	• 사업 또는 활동별로 편성, 국민들이 쉽게 이해할 수 있음, 산출물 강조, 관리의 능률성 향상, 예산심의 용이 • 개별사업만 중시, 업무단위 선정·단위원가 계산·질적인 측면은 평가하기 어려움, 자원의 최적배분, 사업의 필요성과 타당성 등을 알기 어려움
계획예산제도	• 1960년대 케네디 행정부의 국방부 장관인 맥나마라가 국방부에 최초 도입 • 중장기적 전략기획에 따라 예산이 뒷받침, 체제분석·비용편익분석 사용, 부처 간의 경계를 뛰어넘는 자원배분의 합리화, 의사결정이 집권화
목표관리제도	부서 목표와 예산지출을 연계, 단기적인 목표 설정
영기준예산제도	• 예산편성 시 백지상태에서 모든 사업을 평가, 1970년대 후반 미국 카터 행정부 시기에 연방정부 차원에서 채택 • 합리적 선택을 강조하는 총체주의 방식의 예산제도, 관리자와 실무자의 참여 촉진, 재정의 경직성 완화, 감축관리, 의사결정단위설정·의사결정 패키지 작성, 시간·노력·비용 과중

★ 결과지향예산은 1980년 이후 신공공관리적 행정개혁의 일환으로 추진 중인 예산제도이다.

Answer   29. ①   30. ②   31. ③

32 **품목별예산제도에 관한 설명으로 옳지 않은 것은?** 2015 행정사

① 예산의 유용이나 남용을 방지하는 데 도움이 된다.

② 투입지향적 예산제도이다.

③ 정부사업의 우선순위 파악이 용이하다.

④ 기획지향적이라기 보다는 통제지향적이다.

⑤ 의회의 예산심의가 용이하다.

제18절 재정개혁

33 **재정사업자율평가제도에 관한 설명으로 옳은 것은?** 2023 행정사

① 일정 규모 이상인 신규 사업의 경제적 타당성을 검토하여 사업의 추진 여부를 결정하는 제도

② 다년도 사업에 대해 사업규모, 총사업비, 사업기간 등을 정해 미리 기획재정부장관과 협의하는 제도

③ 부족한 재원을 고려하여 민간자본을 공공의 SOC 투자에 동원하는 제도

④ 예산지출을 줄이거나 수입을 늘리는 데 기여한 자에게 성과금을 지급하는 제도

⑤ 각 중앙관서의 장과 기금관리주체가 기획재정부장관이 정하는 바에 따라 주요 재정사업을 스스로 평가하는 제도

제19절 지출충당

34 정부가 공공사업을 위해 조달하는 재원에 관한 설명으로 옳은 것을 모두 고른 것은?

2019 행정사

> ㄱ. 조세는 국가가 재정권에 기초해 동원하는 공공재원으로 벌금과 과태료를 포함한다.
> ㄴ. 수익자부담금은 형평성차원에서 부담과 편익의 공평한 배분을 보장한다.
> ㄷ. 국·공채는 세대 간 공평성을 갖는다.
> ㄹ. 민간자본은 주로 산업기반시설 건설에 유치되고 복지시설 건설에는 유치할 수 없다.

① ㄱ, ㄴ
② ㄱ, ㄷ
③ ㄴ, ㄷ
④ ㄴ, ㄹ
⑤ ㄷ, ㄹ

32 품목별예산제도는 투입 중심, 통제지향적 예산제도이다. 또한 예산심의 및 회계책임 확보가 용이하다. 다만, 사업과 그 효과에 대한 명확한 정보를 제공하지 못하기 때문에 정부사업의 우선순위 파악이 어렵다.

33 ① 예비타당성조사에 대한 설명이다.
② 총사업비관리제도에 대한 설명이다.
③ 민간투자유치에 대한 설명이다.
④ 예산성과금에 대한 설명이다.

※ 우리나라 재정사업 성과관리제도

> • 재정성과 목표관리제도 : 각 부처의 성과계획서 및 성과보고서를 통해 설정된 성과 목표의 달성여부를 모니터링
> • 재정사업 평가제도
>   1. 재정사업자율평가제도 : 예산, 기금이 투입되는 모든 재정사업을 대상으로 하는 부처가 자율적으로 자체평가하고, 기획재정부는 핵심사업을 별도로 산정하여 직접 평가·분석
>   ★ 재정사업자율평가는 미국 관리예산처(OMB)의 PART를 우리나라 실정에 맞게 도입
>   2. 재정사업심층평가제도 : 재정사업자율평가 결과 추가적인 평가가 필요하다고 판단되는 사업, 부처 간 유사·중복 사업 또는 비효율적인 사업 추진으로 예산 낭비의 소지가 있는 사업 등을 대상으로 기획재정부장관이 심층평가함

34 ㄱ. 벌금과 과태료는 세외수입이다.
ㄹ. 사회기반시설에 대한 민간투자법에 따라 공공보건의료시설 등 복지시설도 사회기반시설의 정의에 포함된다.

Answer   32. ③   33. ⑤   34. ③

제20절 정부회계

35 정부회계에 관한 설명으로 옳지 않은 것은? 2019 행정사

① 복식부기는 거래의 이중성에 따라 장부의 차변과 대변에 각각 계상하고 차변의 합계와 대변의 합계의 일치 여부로 자기 검증 기능을 갖는다.

② 미지급비용은 현금주의에서는 인식되지 않으나 발생주의에서는 부채로 인식된다.

③ 현행 정부회계는 발생주의·복식부기 방식을 채택하여 재무제표를 작성한다.

④ 국가회계법상 중앙정부의 대표적 재무제표는 재정상태보고서, 재정운영보고서, 현금흐름보고서, 순자산변동보고서로 구성된다.

⑤ 발생주의·복식부기의 정부회계는 성과중심의 정부개혁에 유용한 정보를 제공한다.

36 우리나라 정부회계의 장부 기장 방식 중 현금주의와 발생주의에 관한 설명으로 옳지 않은 것은? 2014 행정사

① 전통적으로 지방정부의 일반회계는 현금주의를, 중앙정부 기업특별회계는 발생주의 회계방식을 적용하였다.

② 현금주의 회계방식은 경영성과 파악이 용이하며, 발생주의 회계방식은 절차와 운용이 간편하다.

③ 현금주의 회계방식은 이해와 통제가 용이하며, 발생주의 회계방식은 재정 건전성 확보가 용이하다.

④ 현금주의 회계방식은 일반행정 부분에 적용가능하며, 발생주의 회계방식은 사업적 성격이 강한 회계 부분에 적용이 가능하다.

⑤ 현금주의 회계방식은 손해배상 비용이나 부채성 충당금 등에 대한 인식이 어렵지만, 발생주의 회계방식은 미지급비용과 미수수익을 각각 부채와 자산으로 인식한다.

35 ④ 현금흐름표는 포함되지 않는다.

※ **우리나라 정부회계**

- 중앙정부는 2009년부터, 지방자치단체는 2007년부터 발생주의·복식회계 방식을 도입
- 중앙정부 및 지방정부의 재무제표 구성
  1. 국가회계법에 따른 재무제표 : 재정상태표, 재정운영표, 순자산변동표
  2. 지방회계법에 따른 재무제표(주석을 포함한다.) : 재정상태표, 재정운영표, 순자산변동표

36 ② 발생주의 회계방식은 경영성과 파악이 용이하며, 현금주의 회계방식은 절차와 운용이 간편하다.

Answer　　35. ④　　36. ②

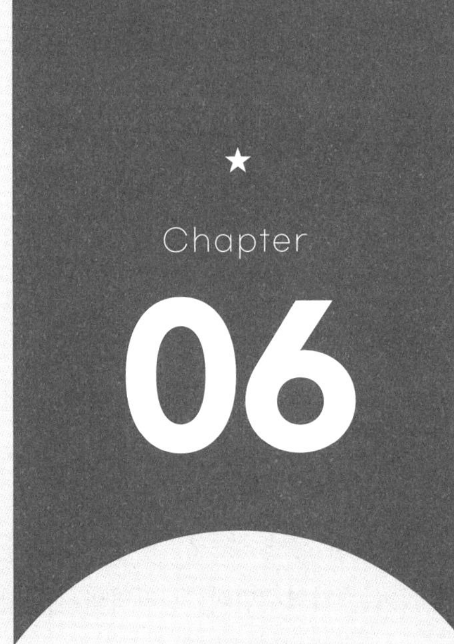

지방자치

지방자치

제1절 지방자치의 의미

01 **지방자치에 관한 설명으로 옳지 않은 것은?** 2022 행정사

① 지방자치의 본질적 의미는 지역주민이 그 지역의 제반 문제를 스스로 결정하고 처리하는 것이다.

② 지방자치는 정치적 활동과는 무관하며 공공행정의 가치를 중시한다.

③ 지방자치는 지방분권을 전제로 하며, 주민참여는 '풀뿌리 민주주의' 원리를 구현한다.

④ 지방자치단체라는 공법인을 통해 주민에게 필요한 주요 정책의 실험장 역할을 한다.

⑤ 지역특성에 맞는 행정과 정책을 통해 행정의 능률성과 책임성을 확립한다.

02 **지방자치의 원리로서 주민자치에 관한 설명으로 옳은 것은?** 2023 행정사

① 국가에 대한 지방자치단체의 법률상의 상대적 독립성을 강조한다.

② 주민자치의 전통은 주로 유럽 대륙권 국가에서 찾아볼 수 있다.

③ 대의민주제를 포함한 지방자치단체의 주민대표성과 민주성을 강조한다.

④ 자치권이 국가로부터 파생 내지 위임된 것으로 보는 전래설 또는 수탁설에 기초한다.

⑤ 민족국가 출현과 함께 수립된 헌정체제에 기초한 중앙정부와 지방자치단체의 관계를 강조한다.

03 **지방자치단체의 자치권에 관한 설명으로 옳지 않은 것은?** 2019 행정사

① 고유권설(지방권설)에서 자치권은 국가와 관계없이 인간이 태어나면서부터 천부의 인권을 갖는 것과 마찬가지로 지방자치단체의 고유한 권리로 본다.

② 전래권설(국권설)에서 자치권은 주권적 통일국가의 통치구조 일환으로 형성된다는 의미에서 국법으로 부여된 권리로 본다.

③ 제도적 보장설은 자치권이 국가의 통치권에서 나오는 것이라고 하면서도, 헌법에 지방자치의 규정을 둠으로써 지방자치제도가 보장된다고 본다.

④ 고유권설(지방권설)은 주로 헤겔(Hegel)의 영향을 받은 독일의 공법학자들에 의하여 주장되었다.

⑤ 제도적 보장설에서의 보장은 지방자치제도의 일반적인 보장이지, 개별적인 지방자치단체의 존립을 계속 보장하는 것은 아니다.

01 ② 지방자치는 지방에서 스스로 결정한다는 의미를 지니고 있으므로 정치적 활동과 관련이 있다.

02 ①, ②, ④, ⑤는 단체자치에 대한 설명이다.

구분	주민자치	단체자치
관점	지방주민의 의사와 책임하에 스스로 그 지역의 공공사무를 처리 (주민참여 중요, 정치적 의미가 강함)	지방자치단체는 지방의 자치행정기관으로서 이중적 지위 (자치단체 + 일선기관) (중앙으로부터 독립 강조)
해외 사례	미국과 영국에서 발달	독일과 프랑스, 일본에서 발달
기관 구성	기관통합형	기관대립형
자치권 인식	고유권	전래권
사무구분	자치사무와 위임사무를 구분하지 않음	자치사무와 위임사무를 구분
권한부여	개별적 지정(수권)주의	포괄적 위임주의
중앙정부	중앙정부와 기능적 협력관계	중앙정부와 권력적 감독관계
지방자치란?	내용적·본질적 요소	형식적·법제적 요소
사무처리 재량의 범위	큼	작음
중앙통제	약함(입법·사법적 통제)	강함(행정적 통제)

03 ④는 전래권설에 대한 설명이다.
자치권이란 지방자치단체가 스스로 다스리는 권리이다. 자치권의 근원에 따라서 고유권설, 전래권설, 제도적 보장설로 구분할 수 있다.

고유권설 (지방권설)	• 자치권을 국가와 관계없이 인간이 태어나면서부터 천부의 인권을 갖는 것과 것과 마찬가지로 지방자치단체의 고유한 권리로 봄. 따라서 인간의 자연권과 마찬가지로 본래적이고 침해할 수 없는 고유한 권리임 • 고유권설은 절대권력에 대해 우려한 학자들에 의해서 제기되었으나, 절대적 군주정치가 대의제 민주정치로 대체됨에 따라 논거가 취약하게 됨
전래권설 (국권설)	• 자치권은 자주적 통일국가의 통치구조의 일환으로 형성된다는 의미에서 국법으로 부여된 권리로 봄 • 주로 헤겔(Hegel)의 영향을 받은 독일의 공법학자들에 의하여 주장됨
제도적 보장설	• 자치권은 국가의 통치권에서 나오는 것이라고 하면서도, 헌법에 지방자치의 규정을 둠으로써 지방자치제도가 보장된다고 봄 • 지방자치제도에 대한 보장은 지방자치제도의 일반적인 보장이지, 개별적인 지방자치단체의 존립을 계속 보장하는 것은 아님

Answer　　01. ②　　02. ③　　03. ④

04 **지방자치단체의 자치권에 관한 설명으로 옳은 것은?** 2021 행정사

① 자치권은 원칙적으로 해당 자치단체의 관할구역 안에 있는 재화·물자를 제외한 모든 사람에 포괄적으로 미친다.

② 국권설은 프랑스의 지방권 사상을 기초로 확립되었다.

③ 고유권설은 자치권을 인간의 자연권과 마찬가지로 본래적이고 침해할 수 없는 고유한 권리라고 본다.

④ 중앙정부의 전제적 군주정치가 대의제 민주정치로 대체됨에 따라 제도적 보장설의 논거가 매우 취약하게 되었다.

⑤ 제도적 보장설에서 보장이란 헌법으로 지방자치제도를 보장한다는 것이 아니라, 개별적인 지방정부의 존립을 보장한다는 것이다.

제2절 정부 간 관계

05 **정부 간 관계(IGR) 모형에 대한 설명으로 옳은 것만을 모두 고른 것은?**

> ㄱ. 로즈(Rhodes) 모형에서 지방정부는 중앙정부에 완전히 예속되는 것도 아니고 완전히 동등한 관계가 되는 것도 아닌 상태에서 상호 의존한다.
> ㄴ. 로즈(Rhodes)는 지방정부는 법적 자원, 재정적 자원에서 우위를 점하며, 중앙정부는 정보자원과 조직자원의 측면에서 우위를 점한다고 주장한다.
> ㄷ. 라이트(Wright)는 정부 간 관계를 포괄형, 분리형, 중첩형의 세 유형으로 나누고, 각 유형별로 지방정부의 사무내용, 중앙·지방 간 재정관계와 인사관계의 차이가 있음을 밝히고 있다.
> ㄹ. 라이트(Wright) 모형 중 포괄형에서는 정부의 권위가 독립적인 데 비하여, 분리형에서는 계층적이다.

① ㄱ, ㄴ   ② ㄱ, ㄷ   ③ ㄱ, ㄴ, ㄷ

④ ㄴ, ㄷ, ㄹ   ⑤ ㄱ, ㄴ, ㄷ, ㄹ

제3절 지역사회의 권력구조

06 **지역사회의 권력구조와 관련하여 다음 설명에 해당하는 것은?**

> 스톤의 연구에 따르면 지방정부와 지방의 민간부문 주요 주체의 비공식적 연합이 권력기반을 형성한다.

① 성장기구론　　　② 레짐 이론　　　③ 다원주의론
④ 신단원주의론　　⑤ 엘리트론

---

04 ① 자치권은 지역에서 스스로 결정하고 처리할 수 있는 권한으로, 원칙적으로 해당 자치단체의 관할구역의 모든 주민 및 재화·물자에 포괄적으로 미친다.
② 국권설(전래권설)은 독일의 공법학자들에 의하여 주장되었다. 프랑스의 지방권 사상을 기초로 두는 것은 고유권설이다.
④ 고유권설은 절대권력에 대해 우려한 학자들에 의해서 제기되었으나, 절대적 군주정치가 대의제 민주정치로 대체됨에 따라 논거가 매우 취약하게 되었다.
⑤ 제도적 보장설은 헌법으로 지방자치제도를 보장한다는 것이지만, 개별적인 지방정부의 존립을 보장한다는 것은 아니다.

05 ㄴ. 로즈(Rhodes)는 중앙정부는 법적 자원, 재정적 자원에서 우위를 점하며, 지방정부는 정보자원과 조직자원의 측면에서 우위를 점한다고 주장하였다.
ㄹ. 라이트(Wright) 모형 중 분리형에서는 정부의 권위가 독립적인 데 비하여, 내포형에서는 계층적이다.

06 스톤의 레짐 이론은 미국 조지아주 애틀랜타(Atlanta)시 지역사회 및 지방정부 간 관계에 대한 연구를 시작으로 지방정치 권력구조를 설명하는 이론으로 발전하였다. 스톤은 저서 '애틀란타를 통치하는 레짐 정치(Regime Politics Governing Atlanta)'에서 도시 레짐(urban regime)을 '통치 결정을 내리고 수행을 하기 위해 공공부문과 민간 이해관계자 함께 기능하는 비공식적 연합'이라고 정의하였다.

※ 지역사회 권력구조와 관련된 이론

성장기구론	• 성장연합 : 부동산의 교환가치를 강조, 토지자산가와 개발자 • 반성장연합 : 부동산의 사용가치를 강조, 일부 지역주민과 환경운동단체 • 두 연합 간 대결구도에서 대체로 성장연합이 승리하여 권력을 쟁취

레짐 이론
• 지방정부와 지방의 민간부문 주요 주체가 연합하여 권력기반을 형성
• 스톤이 제시한 네 가지 레짐

구분	현상유지레짐	개발레짐	중산계층 진보레짐	하층기회 확장레짐
추구하는 가치	현상유지	지역개발	환경보호, 삶의 질	저소득층 보호, 직업교육
구성원 간 관계	친밀성이 강함	갈등	참여와 감시 강조	대중동원이 과제
생존능력	강함	비교적 강함	보통	약함

다원주의와 신다원주의	• 다원주의 : 지방정부를 포함해 서로 필요한 자원을 가진 집단들은 연합을 통하여 비교적 안정적으로 지역사회를 이끌어 감 • 신다원주의 : 고전적 다원주의와 달리, 기업이나 개발관계자들이 우월적 지위를 가지고 있음
엘리트론과 신엘리트론	• 엘리트론 : 헌터와 몰로치는 엘리트론적 관점에서 지역사회의 권력이 지역의 경제엘리트를 중심으로 형성된다고 주장 • 신엘리트론 : 사회적 엘리트들은 무의사결정 방식에 의하여 영향력을 행사

Answer　　04. ③　　05. ②　　06. ②

제4절 지방자치단체의 구조

07 우리나라 지방자치제의 특징이나 내용에 관한 설명으로 옳은 것은? 2016 행정사

① 시·군 및 자치구의 장이 법령의 규정에 따라 그 의무에 속하는 국가위임사무의 관리와 집행을 명백히 게을리하고 있다고 인정되면 주무부장관은 그 이행을 직접 명령할 수 있다.

② 시·군 및 자치구의 사무에 관한 그 장의 명령이나 처분이 법령에 위반되거나 현저히 부당하여 공익을 해친다고 인정되면 주무부장관은 그 시정을 직접 명할 수 있다.

③ 시·군 및 자치구에 대하여 지방의회의 의결이 법령에 위반되거나 공익을 현저히 해친다고 판단되면 주무부장관은 직접 재의를 요구할 수 있다.

④ 지방자치단체의 기관구성은 기본적으로 기관대립형을 채택하고 있다.

⑤ 기관위임사무는 주로 전국적 이해관계보다 지방적 이해관계가 큰 사무들이 그 대상이 된다.

제5절 우리나라의 지방자치단체

08 지방자치제도에서 법인격이 없는 행정계층에 해당하는 것은? 2024 행정사

① 세종특별자치시

② 경상북도 고령군

③ 제주특별자치도 제주시

④ 부산광역시 기장군

⑤ 전라남도 순천시

09 우리나라는 도·농 통합이나 행정구역개편을 통하여 지속적으로 통합을 전개해왔는데, 가장 최근에 통합한 도시는? 2024 행정사

① 청주시 + 청원군 = 청주시
② 창원시 + 마산시 + 진해시 = 창원시
③ 여수시 + 여천시 + 여천군 = 여수시
④ 춘천시 + 춘천군 = 춘천시
⑤ 천안시 + 천안군 = 천안시

07 ①, ② 시·군 및 자치구의 장에 대한 시정명령과 이행명령은 시·도지사가 그 이행을 직접 명령할 수 있다.
★ 지방자치법 개정으로 2022년부터 시·도지사가 시정명령이나 이행명령을 하지 않을 경우 주무부장관도 그 이행을 직접 명령할 수 있다.
③ 시·군 및 자치구에 대하여 지방의회의 의결이 법령에 위반되거나 공익을 현저히 해친다고 판단되면, 주무부장관도 시장·군수 및 자치구의 구청장에게 재의를 요구하게 할 수 있다.
⑤ 기관위임사무는 주로 지방적 이해관계보다 전국적 이해관계가 큰 사무들이 그 대상이 된다.

08 ③ 제주특별자치도는 단층제로서 제주시와 서귀포시는 행정계층이다.

※ **지방자치단체의 구조**

		광역자치단체 (17개)	서울특별시	광역시(6개)		도(7개), 강원특별자치도		제주특별자치도	세종특별자치시
행정계층	자치계층	기초자치단체 (228개)	자치구	자치구	군	시	군	특별법상 기초자치 단체를 두지 않음	
		행정구, 행정시				행정구		행정시 (제주시, 서귀포시)	
		읍면동	동	동	읍, 면	읍, 면, 동	읍, 면	읍, 면, 동	

09 ① 충청북도 청주시 설치 및 지원특례에 관한 법률(2013. 1. 23. 시행)
② 경상남도 창원시 설치 및 지원특례에 관한 법률(2010. 3. 12. 시행)
③ 전라남도 여수시 도농복합형태의시 설치 등에 관한 법률(1998. 4. 1. 시행)
④ 도·농 복합형태의 시 설치 등에 관한 법률에 따라 1995년 춘천군과 통합
⑤ 도·농 복합형태의 시 설치 등에 관한 법률에 따라 1995년 천안군과 통합

Answer　　07. ④　　08. ③　　09. ①

10 우리나라 지방자치단체의 유형과 특징에 관한 설명으로 옳지 않은 것은? 2022 행정사

① 지방자치단체에는 특별시, 광역시, 도, 특별자치도, 특별자치시와 시·군·구(자치구)가 포함된다.

② 두 개 이상의 지방자치단체가 특정한 목적을 위하여 법인으로서의 특별지방자치단체를 설치할 수 있다.

③ 특별시, 광역시 및 특별자치시가 아닌 인구 100만 이상의 시는 특례시 명칭을 부여받고 자치구를 둔다.

④ 모든 지방자치단체는 법령의 범위를 벗어나 사무 처리와 조례 제정을 할 수 없다.

⑤ 특별시·광역시 또는 특별자치시가 아닌 인구 50만 이상의 시는 자치구가 아닌 구를 둘 수 있다.

11 2018년 전국동시지방선거 개표 후에 한 팀원들이 티타임에 나눈 대화이다. 다음 2018년 전국동시지방선거 당시 대화자들의 주민등록지를 고려할 때, 대화내용이 우리나라 지방자치의 실제와 맞지 않는 사람은? 2020 행정사

- 세종특별자치시 : A, D
- 서울특별시 관악구 : B
- 성남시 분당구 : C
- 대전광역시 유성구 : E

---

① A : "제가 투표한 후보가 시장으로 당선되었는데 서울특별시장과 동급 자치계층 시장이라고 우쭐대더군요."

② B : "제 고향 제주시에 사시는 부모님은 원하시는 후보들이 제주시의원과 제주도의원으로 당선되었다네요. 제가 보기에도 역량 있는 지역일꾼들로 고향 발전이 기대됩니다."

③ C : "분당구는 웬만한 시 규모 이상의 인구가 사는데 구의원 선거투표하려니 투표대상이 아니라고 해서 당황했어요. 제정신 차려서 성남시의원과 경기도의원 후보들 중 제대로 된 인물에 투표했습니다."

④ D : "제 고향은 기장군입니다. 그곳 친구들 말을 들어보니 기장군의원과 부산시의원이 잘 선출되어 제 고향 발전도 기대됩니다."

⑤ E : "저는 대전광역시 유성구에 사는데 시의원은 내가 투표한 분이, 구의원은 내가 투표 하지 않은 분이 당선되었어요."

12 우리나라의 지방자치에 관한 설명으로 옳은 것은? 2013 행정사 변형

① 교육위원회는 시도의회와는 별도로 교육위원으로 구성되며, 교육위원 선거구 단위로 지방의원 선거와는 다르게 선출하여 구성한다.

② 기관위임사무는 국가가 사업비 일부를 보조하며, 지방의회의 통제를 받고 지방자치단체와 국가가 공동으로 책임진다.

③ 선결처분권은 지방자치단체장을 견제할 수 있는 지방의회의 강력한 권한이다.

④ 지방교부세는 지역 간 재정불균형을 시정하기 위해 지방자치단체에 국세 일부를 이전하는 것으로 일정한 조건과 용도를 지정한다.

⑤ 우리나라 제주특별자치도에는 지방자치단체인 시와 군을 둘 수 없으며, 행정시장을 도지사가 임명한다.

10 ③ 특례시는 자치구를 둘 수 없다. 자치구는 특별시, 광역시 아래에만 둘 수 있다.

※ **지방자치단체의 종류 및 자치권**

종류	• 특별시, 광역시, 특별자치시, 도, 특별자치도 • 시, 군, 구 ★ 자치구의 자치권의 범위는 법령으로 정하는 바에 따라 시·군과 다르게 할 수 있음
자치사법	자치사법권이 부여되지 않아 다른 국가들에 비해 자치권이 제약
자치입법	개별법 우선 적용의 원칙에 의해 자치입법권이 제약
자치재정	조례를 통한 독립적인 지방 세목은 설치할 수 없음
자치조직	표준운영제 → 총액인건비제 → 기준인건비제
법인격과 관할	• 지방자치단체는 법인 • 인구 50만 이상의 시에는 자치구가 아닌 구를 둘 수 있음 • 지방자치단체의 장의 선임방법을 포함한 지방자치단체의 기관구성 형태를 달리할 수 있고, 이 경우 주민투표를 거쳐야 함

11 ② 제주시는 지방자치단체가 아니다. 따라서 제주시의회는 존재하지 않는다.

12 ① 제주특별자치도를 제외하면, 교육위원회는 시도의회 내에 상임위원회로 존재한다. 따라서 별도로 선출되지 않는다.
② 단체위임사무에 대한 설명이다. 기관위임사무는 국가가 사업비 전부를 부담하며, 원칙적으로 지방의회의 통제를 받지 않는다.
③ 선결처분권은 지방의회를 견제할 수 있는 지방자치단체장의 강력한 권한이다.
④ 지방교부세는 지역 간 재정불균형을 시정하기 위해 지방자치단체에 국세 일부를 이전하는 것으로, 지방교부세 중 보통교부세와 부동산교부세는 용도제한이 없다.

Answer　　10. ③　　11. ②　　12. ⑤

제6절 우리나라 지방자치단체의 기능과 사무

13 지방자치법상 지방자치단체의 사무 배분 및 처리의 기본원칙에 관한 설명으로 옳지 않은 것은? 2023 행정사

① 국가는 국가와 지방자치단체 간의 사무를 주민의 편익증진 등을 고려하여 서로 중복 되지 아니하도록 배분하여야 한다.

② 국가가 지방자치단체에 사무를 배분할 때에는 관련 사무를 포괄적으로 배분하여야 한다.

③ 도와 시·군이 사무를 처리할 때 사무가 서로 겹치면 도에서 먼저 처리한다.

④ 지방자치단체는 조직과 운영을 합리적으로 하고 규모를 적절하게 유지하여야 한다.

⑤ 시·군 및 자치구는 해당 구역을 관할하는 시·도의 조례를 위반하여 사무를 처리할 수 없다.

14 다음에서 설명하는 중앙·지방정부 간 사무배분의 원칙으로 옳은 것은? 2021 행정사

> • 기초지방정부가 할 수 있는 일을 상급정부가 관여해서는 안 된다는 기초지방정부 우선 의 원칙이다.
> • 중앙정부의 역할은 지방정부의 기능을 보완하는 측면에 국한해야 한다.

① 포괄성의 원칙　　　　　　　　② 가외성의 원칙

③ 효율성의 원칙　　　　　　　　④ 보충성의 원칙

⑤ 충분재정의 원칙

15 중층의 국가공동체 조직에서 하급단위가 잘 처리할 수 있는 업무를 상급단위에서 직접 처 리하면 안 된다는 원칙은? 2020 행정사

① 딜론(Dillon)의 원칙　　　　　② 법률유보의 원칙

③ 충분재정의 원칙　　　　　　　④ 보충성의 원칙

⑤ 포괄성의 원칙

16 '기초자치단체가 처리하기 어려운 사무는 광역자치단체가 맡고 지방자치단체에서 처리하기 어려운 사무는 중앙정부의 사무로 처리해야 한다'와 관련된 사무배분 원칙은? ^{2017 행정사}

① 포괄성의 원칙　　　　　　　② 종합성의 원칙
③ 지역성의 원칙　　　　　　　④ 가외성의 원칙
⑤ 보충성의 원칙

13 ③ 시·도와 시·군·구가 사무를 처리할 때 사무가 서로 겹치면 시·군·구에서 먼저 처리한다.

14 • 보충성의 원칙: 국가는 지역주민생활과 밀접한 관련이 있는 사무는 원칙적으로 시·군 및 자치구의 사무로, 시·군 및 자치구가 처리하기 어려운 사무는 시·도의 사무로, 시·도가 처리하기 어려운 사무는 국가의 사무로 각각 배분하여야 한다.
• 비경합성의 원칙: 국가는 지방자치단체가 사무를 종합적·자율적으로 수행할 수 있도록 국가와 지방자치단체 간 또는 지방자치단체 상호 간의 사무를 주민의 편익증진, 집행의 효과 등을 고려하여 서로 중복되지 아니하도록 배분하여야 한다.
• 효율성의 원칙 또는 경제성의 원칙: 외부효과 문제의 해결 등 사무에 따라서 기초지방정부보다 광역지방정부나 중앙정부가 담당하는 것이 더 효율적일 수 있다.
• 포괄성의 원칙: 국가가 지방자치단체에 사무를 배분하거나 지방자치단체가 사무를 다른 지방자치단체에 재배분하는 때에는 사무를 배분 또는 재배분 받는 지방자치단체가 그 사무를 자기의 책임하에 종합적으로 처리할 수 있도록 관련 사무를 포괄적으로 배분하여야 한다.
• 충분재정의 원칙: 국가는 지방자치단체에 이양한 권한 및 사무가 원활히 처리될 수 있도록 행정적·재정적 지원을 병행하여야 한다.

15 ① 딜론의 원칙: 지방정부는 '주정부의 피조물', 쿨리의 원칙: 지방정부의 자치권은 절대적인 것
② 법률유보의 원칙: 법률의 근거하여 행정권이 발동되어야 한다는 원칙
③ 충분재정의 원칙: 국가는 지방자치단체에 이양한 권한 및 사무가 원활히 처리될 수 있도록 행정적·재정적 지원을 병행하여야 한다.
⑤ 포괄성의 원칙: 국가가 지방자치단체에 사무를 배분하거나 지방자치단체가 사무를 다른 지방자치단체에 재배분하는 때에는 사무를 배분 또는 재배분 받는 지방자치단체가 그 사무를 자기의 책임하에 종합적으로 처리할 수 있도록 관련 사무를 포괄적으로 배분하여야 한다.

16 보충성의 원칙에 대한 설명이다.

Answer　　13. ③　　14. ④　　15. ④　　16. ⑤

제7절 주민의 참여

17 **지방자치에 관한 설명으로 옳은 것은?** 2024 행정사

① 일정기간 지역에 거주하지 않았더라도 주민등록만 되어 있다면 지방자치법상 주민으로서의 권리와 의무의 주체가 된다.

② 국가로부터 일정한 부분 자치권한을 이양 받은 자치권을 고유권이라고 한다.

③ 특례시에는 자치구가 설치되어 있다.

④ 자치권이란 자연적으로 발생한 주민의 권리이므로 전래권이다.

⑤ 지방자치단체는 주민의 복리와 재산을 보호하고 외교·국방과 같은 문제를 다룬다.

18 **우리나라 지방자치제도에 있어서 주민의 권리에 관한 내용으로 옳지 않은 것은?** 2022 행정사

① 주민 A씨(30세)는 자신이 살고 있는 지역의 지방자치단체 발전과 운영에 기여할 수 있다.

② ○○시 주민 B씨(20세)는 청년일자리 창출에 관한 조례의 필요성에 따라 요건을 갖추어 ○○시 조례의 제정을 청구하였다.

③ 지방자치단체 외국인등록대장에 등록된 베트남국적 C씨(45세)는 국내에 영주할 수 있는 체류자격 취득일 후 현재 3년이 지났지만, 외국인이기 때문에 지방자치단체의 위법행위에 대한 감사를 청구할 수 없다.

④ ○○시 비례대표 시의원의 심각한 불법행위 문제를 알고 있는 ○○시 주민 D씨(55세)는 주민소환 투표 청구를 위한 요건을 갖추더라도 주민소환권을 행사할 수 없다.

⑤ ○○시 주민 E씨(57세)는 시의 공금 지출에 관한 사항의 위법에 대해 감사청구한 자로서, 그 감사 결과에 불복하고 법적 요건을 갖추어 시장을 상대로 주민소송을 제기하였다.

19 **지방자치법상 명시된 주민직접참여제도로 바르게 묶인 것은?** 2017 행정사

① 주민투표, 주민감사, 주민발안

② 주민발안, 주민총회, 주민감사청구

③ 주민투표, 주민감사청구, 주민소환

④ 주민소송, 주민소환, 주민총회

⑤ 주민감사, 주민소송, 주민총회

20 **주민투표에 관한 설명으로 옳은 것은?** 2019 행정사

① 주민투표는 주민의 중요한 권리이기 때문에 의무화하여 위반자에게 벌금 등 제재를 가하는 국가는 없다.

② 항의적 주민투표(protest referendum)는 지방의회에서 의결한 사항에 대하여 그 효력 여부를 결정하는 투표이다.

③ 주민투표는 조례의 제정 또는 개·폐 등에 관하여 주민이 직접 의안을 발의하는 제도이다.

④ 우리나라는 주민투표 결과의 확정을 위해서는 전체 유효투표권자 중 1/4 이상이 투표를 해야 한다.

⑤ 주민투표의 본질은 대의제를 보완하려는 것이 아니라 대체하려는 것이다.

Chapter 06

17 ② 전래권설에 대한 설명이다.
③ 특례시는 기초자치단체이므로 자치구(자치구가 아닌 구는 설치 가능)를 설치할 수 없다.
④ 고유권설에 대한 설명이다.
⑤ 외교·국방은 국가사무에 해당한다.

18 ③ 외국인도 외국인등록대장에 등록되고 국내에 영주할 수 있는 체류자격 취득일 후 현재 3년이 지나면 감사 청구를 할 수 있다.

19 지방자치법상 명시된 주민직접참여제도에는 주민발안(조례의 제정과 개정·폐지 청구), 주민의 감사청구, 주민투표제, 주민소송제, 주민소환제, 규칙의 제정·폐지 의견제출이 있다. 지방재정법은 주민참여예산제를 규정하고 있다.
★ 2022년 지방자치법 전부개정이 시행되면서 주민이 직접 의회에 조례의 제정과 개정·폐지 청구할 수 있게 되었다. 즉 주민발안도 포함된다.

20 주민투표는 강제적 주민투표(특별히 중요한 사항에 대해서 반드시 주민투표에 부침, 주로 미국의 도시에서 채택), 선택적 주민투표(지방의회에 의하여 주민투표의 실시 여부가 결정), 항의적 주민투표(지방의회의 결정 사항에 대하여 유권자의 서명으로 항의·서명 등)로 구분할 수 있다.
① 강제적 주민투표를 실시하는 지역(미국의 도시)이 있다.
③ 주민발안에 대한 설명이다. 주민투표는 지방자치단체의 중요한 결정 사항에 대해서 주민이 직접 결정하는 제도이다.
④ 유효투표권자의 1/4 이상이 투표를 하면 된다(★ 2022년 주민투표법 개정 반영).
⑤ 주민투표의 본질은 대의제를 대체하려는 것이 아니라 보완하려는 것이다.

Answer 17. ① 18. ③ 19. ③ 20. ②, ④

21 **주민소송제에 관한 설명으로 옳은 것은?** 2024 행정사

① 주민들이 공직자를 재직 중에 불신임해 그만두게 하는 제도로서 가장 적극적이고 강력한 참여의 형태이다.

② 지역의 주요 안건을 해결하는 제도로서 지방자치단체의 중요한 사항에 대하여 결정권을 행사하는 제도이다.

③ 선출직 공직자를 임기 중에 소환해 파면시키는 제도이다.

④ 주민이 감사청구한 일정한 재무회계 사항과 관련이 있는 지방자치단체의 장 등의 위법한 행위 등에 대하여 손해를 배상하게 하는 제도이다.

⑤ 주민이 능동적이고 적극적으로 지방자치단체의 장이나 의회의원 권한의 일부를 제약하거나 행사한다.

22 **우리나라 주민소환제에 관한 설명으로 옳은 것은?** 2016 행정사

① 주민이 지방정부의 정책결정이나 행정과정에 직접 참여하여 지역의 주요 현안을 함께 협의·결정하는 제도이다.

② 주민소환투표결과의 확정은 주민소환투표권자 총수의 과반수 투표와 유효투표 총수 과반수의 찬성을 요한다.

③ 비례대표선거구 의원을 포함한 지방의회의원과 지방자치단체의 장이 그 대상이 된다.

④ 위법·부당행위, 정치적 무능력, 직무유기, 독단적인 행정운영 등 지방자치제의 폐단을 방지하는 데 목적이 있다.

⑤ 주민에게 손해를 입힌 경우, 관련 감사기관에 감사를 청구하여 그 시정을 요구하는 제도이다.

제8절 자치입법권(조례와 규칙)

23 우리나라 지방자치단체의 자치입법권에 관한 설명으로 옳지 않은 것은? 2017 행정사

① 지방자치단체는 법령의 범위 안에서 자치에 관한 규정을 제정할 수 있다.

② 지방자치단체는 지방자치단체의 장에게 위임하여 행하는 국가사무에 관하여 조례를 제정할 수 없다.

③ 지방자치단체는 법률의 구체적인 위임이 없더라도 조례를 위반한 행위에 대하여 벌금을 부과하는 조례를 제정할 수 있다.

④ 특별시·광역시·도·특별자치도는 해당 지역의 환경적 특수성을 고려하여 필요하다고 인정할 때에는 해당 시·도의 조례로 대통령령으로 정하는 환경기준보다 확대·강화된 별도의 환경기준을 설정할 수 있다.

⑤ 교육감은 법령 또는 조례의 범위 안에서 그 권한에 속하는 사무에 관하여 교육규칙을 제정할 수 있다.

21 ①, ③ 주민소환제에 대한 설명이다.
② 주민투표제에 대한 설명이다.
⑤ 주민투표제 등에 대한 설명이다.

22 ① 주민투표제에 대한 설명이다.
② 주민소환투표결과의 확정은 주민소환투표권자 총수의 3분의 1 이상의 투표와 유효투표 총수 과반수의 찬성을 요한다.
③ 비례대표선거구 의원을 제외한 지방의회의원과 지방자치단체의 장이 그 대상이 된다.
⑤ 주민감사청구제에 대한 설명이다.

23 ③ 조례를 위반한 행위에 대하여 벌금을 부과하는 조례를 제정하려면 법률의 위임이 있어야 한다.

> **지방자치법 제28조(조례)** ① 지방자치단체는 법령의 범위에서 그 사무에 관하여 조례를 제정할 수 있다. 다만, 주민의 권리 제한 또는 의무 부과에 관한 사항이나 벌칙을 정할 때에는 법률의 위임이 있어야 한다.

Answer 21. ④ 22. ④ 23. ③

24 우리나라 지방행정에 있어서 주민참여의 실태에 관한 설명으로 옳지 않은 것은? 2014 행정사

① 지방자치단체의 예산편성 과정에서 주민참여의 제도화
② 지방행정 통제수단으로서 주민 옴부즈만에 대한 높은 자율성 보장
③ 주민의 이익이 잘 반영되는 직접적인 주민참여의 확대
④ 지방자치단체 관할구역에 주민등록이 되어 있는 외국인의 조례 개폐청구 참여 허용
⑤ 간접적인 주민참여제도로서 행정부 내 도시계획위원회 활동

제9절 지방의회

---

25 지방자치법상 지방의회 의원의 징계 종류로 옳지 않은 것은? 2025 행정사

① 공개회의에서의 경고
② 재적의원 3분의 2 이상의 찬성에 의한 제명
③ 재적의원 4분의 1 이상의 발의와 재적의원 과반수의 찬성에 의한 해임
④ 30일 이내의 출석 정지
⑤ 공개회의에서의 사과

26 현행 우리나라 지방자치법상 지방의회의 권한에 관한 내용으로 옳지 않은 것은? 2015 행정사

① 지방의회는 재적의원 3분의 2 이상의 출석과 출석의원 3분의 2 이상의 찬성으로 그 자치단체장을 불신임할 수 있다.
② 지방의회는 조례의 제정·개정 및 폐지, 기금의 설치·운용, 청원의 수리와 처리 등에 관한 사항을 의결한다.
③ 지방의회는 매년 1회 그 지방자치단체의 사무에 대하여 시·도 에서는 14일의 범위에서, 시·군 및 자치구에서는 9일의 범위에서 감사를 실시한다.
④ 본회의나 위원회는 그 의결로 안건의 심의와 직접 관련된 서류의 제출을 해당 지방자치단체의 장에게 요구할 수 있다.
⑤ 지방자치단체의 장이나 관계 공무원은 지방의회나 그 위원회가 행정사무처리상황의 보고를 요구하면 출석·답변하여야 한다. 다만, 특별한 이유가 있으면 지방자치단체의 장은 관계 공무원에게 출석·답변하게 할 수 있다.

제10절 집행기관

27 지방자치법상 지방자치단체의 보조기관에 해당하는 것은? 2025 행정사

① 부지사 · 부시장 · 부군수 · 부구청장

② 사업소

③ 합의제행정기관

④ 자문기관

⑤ 출장소

---

24 우리나라는 부패방지 및 국민권익위원회의 설치와 운영에 관한 법률에 따라 지방자치단체에 시민고충처리위원회를 옴부즈만으로 둘 수 있다. 다만, 해당 위원회는 임의로 둘 수 있어 자율성이 높지 않다.

25 ③ 해임은 지방의회 의원의 징계에 포함되지 않는다.

※ **징계의 종류와 의결(지방자치법 제100조)**
- 공개회의에서의 경고
- 공개회의에서의 사과
- 30일 이내의 출석정지
- 제명(제명에 대한 의결에는 재적의원 3분의 2 이상의 찬성이 있어야 한다)

26 ① 현재 지방자치단체의 장에 대한 불신임 의결권은 인정되지 않는다. 불신임 의결권은 1949년 제정된 지방자치법에는 포함되었으나, 1956년 지방자치법이 개정되면서 해당 내용은 삭제되었다.

27 사업소, 합의제행정기관, 자문기관 등은 소속기관에 해당한다.

 **24.** ② **25.** ③ **26.** ① **27.** ①

제11절 분쟁조정위원회

28 지방자치법상 국가와 지방자치단체 간의 관계에 관한 설명으로 옳은 것은? 2025 행정사

① 행정협의조정위원회는 지방자치 발전과 지역 간 균형발전에 관련되는 주요 정책을 심의하는 것을 목적으로 한다.

② 지방자치단체나 그 장이 위임받아 처리하는 국가사무에 관하여 시·군 및 자치구에서는 1차로 주무부장관의 지도·감독을 받는다.

③ 행정협의조정위원회의 위원장은 국무총리로 한다.

④ 행정안전부장관은 지방자치단체의 자치사무에 관하여 법령 위반사항에 대해서만 서류·장부 또는 회계를 감사할 수 있다.

⑤ 중앙행정기관의 장과 지방자치단체의 장이 사무를 처리할 때 의견을 달리하는 경우 이를 협의·조정하기 위하여 지방자치단체 중앙분쟁조정위원회를 둔다.

제12절 광역행정

29 우리나라 지방자치단체들 간의 공동사무를 협력·처리하는 방식이 아닌 것은? 2018 행정사

① 광역도시계획 수립

② 행정협의회 구성

③ 지방자치단체조합 설립

④ 지방자치단체장 협의체 설립

⑤ 행정구(자치구가 아닌 구) 설치

30 지방자치법에 규정된 특별지방자치단체에 관한 내용으로 옳지 않은 것은? 2023 행정사

① 특별지방자치단체는 법인으로 한다.

② 구성 지방자치단체의 장은 특별지방자치단체의 장을 겸할 수 있다.

③ 특별지방자치단체의 의회는 규약으로 정하는 바에 따라 구성 지방자치단체의 의회 의원으로 구성한다.

④ 특별지방자치단체의 구역은 특별한 사정이 있을 때에는 해당 지방자치단체 구역의 일부만을 구역으로 할 수 있다.

⑤ 2개 이상의 지방자치단체가 특별지방자치단체를 설치하는 경우 구성하는 지방자치단체의 지방의회 의결을 거쳐 국무총리의 승인을 받아야 한다.

28 ① 중앙지방협력회의는 지방자치 발전과 지역 간 균형발전에 관련되는 주요 정책을 심의하는 것을 목적으로 한다. 행정협의조정위원회는 중앙행정기관의 장과 지방자치단체의 장이 사무를 처리할 때 의견을 달리하는 경우 이를 협의·조정하기 위하여 설치된 것이다.
② 지방자치단체나 그 장이 위임받아 처리하는 국가사무에 관하여 시·군 및 자치구에서는 1차로 시·도지사의, 2차로 주무부장관의 지도·감독을 받는다.
③ 행정협의조정위원회의 위원장은 위촉위원 중에서 국무총리가 위촉한다.
⑤ 중앙행정기관의 장과 지방자치단체의 장이 사무를 처리할 때 의견을 달리하는 경우 이를 협의·조정하기 위하여 지방자치단체 행정협의조정위원회를 둔다.

29 ⑤ 행정구(자치구가 아닌 구)는 인구 50만 이상의 시에 두는 것으로 특례에 해당한다. 지방자치단체들 간의 협력과는 관련이 없다.

30 ⑤ 2개 이상의 지방자치단체가 특별지방자치단체를 설치하는 경우 구성하는 지방자치단체의 지방의회 의결을 거쳐 행정안전부장관의 승인을 받아야 한다.

※ **특별지방자치단체(법인격 ○)**
•2개 이상의 지방자치단체가 공동으로 특정한 목적을 위하여 광역적으로 사무를 처리할 필요가 있을 때에는 특별지방자치단체를 설치할 수 있고, 협의에 따른 규약을 정하여 구성 지방자치단체의 지방의회 의결을 거쳐 행정안전부장관의 승인을 받아야 함
•특별지방자치단체의 구역은 구성 지방자치단체의 구역을 합한 것
•특별지방자치단체의 장은 소관 사무를 처리하기 위한 기본계획을 수립하여 특별지방자치단체 의회의 의결을 받아야 함
•특별지방자치단체의 의회는 규약으로 정하는 바에 따라 구성 지방자치단체의 의회 의원으로 구성함
•특별지방자치단체의 장은 규약으로 정하는 바에 따라 특별지방자치단체의 의회에서 선출하고, 지방자치단체의 장은 특별지방자치단체의 장을 겸할 수 있음

Answer   28. ④   29. ⑤   30. ⑤

31 **우리나라 지방자치제도에 관한 설명으로 옳은 것은?** 2014 행정사

① 시·도를 달리하는 시·군·구 간의 자치단체 조합의 설치는 지방의회 의결을 거쳐 시·도지사의 승인을 받아야 한다.

② 자치구가 아닌 행정구 읍·면·동의 명칭과 폐치·분할은 해당 지방의회의 의결로 결정한다.

③ 지방자치단체의 사무 중 단체위임사무는 지방자치단체의 장에게 위임하여 처리하는 사무이다.

④ 중앙행정기관장과 지방자치단체의 장이 의견을 달리하는 사무처리의 조정을 위해 안전행정부 소속하에 협의조정기구를 둘 수 있다.

⑤ 주민발안제에 있어 사용료의 부과, 행정기구 변경 및 공공시설 설치 반대 등의 사항은 주민에 의한 청구대상이 되지 않는다.

제13절 국가와 지방자치단체 간의 관계

32 **중앙행정기관의 장과 지방자치단체의 장이 사무를 처리할 때 의견을 달리하는 경우 이를 협의·조정하기 위하여 설치하는 기구는?**

① 중앙분쟁조정위원회

② 지방분쟁조정위원회

③ 갈등관리심의위원회

④ 행정협의조정위원회

⑤ 중앙지방협력회의

제14절 행정특례

33 다음 중 특례시에 해당하지 않는 것은?

① 수원시   ② 고양시

③ 용인시   ④ 창원시

⑤ 안산시

31 ① 시·도를 달리하는 시·군·구 간의 자치단체 조합의 설치는 지방의회 의결을 거쳐 행정안전부장관의 승인을 받아야 한다.
② 자치구가 아닌 행정구 읍·면·동의 명칭과 폐치·분할은 행정안전부장관의 승인을 받아 그 지방자치단체의 조례로 정한다.
③ 지방자치단체의 사무 중 기관위임사무는 지방자치단체의 장에게 위임하여 처리하는 사무이다. 단체위임사무는 '지방자치단체'에 위임하는 사무이다.
④ 중앙행정기관장과 지방자치단체의 장이 의견을 달리하는 사무처리의 조정을 위해 국무총리 소속하에 행정협의조정위원회를 둔다.
★ 안전행정부는 현재 행정안전부로 조직개편이 이루어졌다.

32 ④ 행정협의조정위원회는 국무총리 소속으로, 중앙행정기관의 장과 지방자치단체의 장이 사무를 처리할 때 의견을 달리하는 경우 이를 협의·조정하기 위하여 설치하였다.
① 중앙분쟁조정위원회는 시·도 간 또는 그 장 간의 분쟁, 시·도를 달리하는 시·군 및 자치구 간 또는 그 장 간의 분쟁을 조정하기 위하여 설치하였다.
② 지방분쟁조정위원회는 중앙분쟁조정위원회 의결대상 외에 지방자치단체와 지방자치단체조합 간 또는 그 장 간의 분쟁을 심의·의결하기 위하여 설치하였다.
③ 갈등관리심의위원회는 중앙행정기관이 소관 사무의 갈등관리와 관련된 사항을 심의하기 위하여 공공기관의 갈등 예방과 해결에 관한 규정에 따라 설치하였다.
⑤ 중앙지방협력회의는 국가와 지방자치단체 간의 협력을 도모하고 지방자치 발전과 지역 간 균형발전에 관련되는 중요 정책을 심의하기 위하여 설치하였다.

33 특례시는 인구 100만 이상 대도시로서 수원시, 고양시, 용인시, 창원시, 화성시가 해당한다.

Answer   31. ⑤   32. ④   33. ⑤

제15절 지방재정

34 우리나라의 지방세가 아닌 것은? 2020 행정사

① 종합부동산세
② 담배소비세
③ 재산세
④ 취득세
⑤ 레저세

35 현재 우리나라의 지방재원에 관한 설명으로 옳은 것은? 2021 행정사

① 지방교부세는 과세용도에 따라 보통세와 목적세로 나눈다.
② 세외수입은 재원의 성격상 의존재원이다.
③ 국고보조금은 재원의 성격상 자체재원이다.
④ 특정재원과 달리 일반재원은 지방자치단체가 어떠한 경비로도 자유롭게 지출할 수 있는 재원이다.
⑤ 지방세 수입에는 사용료, 수수료, 재산임대수입 등이 있다.

36 국세 또는 지방세가 서로 옳지 않게 연결된 것은? 2021 행정사

① 국세 − 개별소비세, 농어촌특별세
② 서울특별시 강남구세 − 등록면허세, 재산세
③ 부산광역시 기장군세 − 지방소득세, 지방교육세
④ 제주특별자치도세 − 취득세, 지역자원시설세
⑤ 경상남도 창원시세 − 재산세, 자동차세

37 우리나라의 지방재정조정제도에 관한 설명으로 옳은 것은? ^{2018 행정사}

① 대부분의 지방교부세는 '끈이 달린 돈(money with strings)'의 성격을 띤다.

② 많은 경우에 있어 지방교부세는 지방자치단체의 지방비 부담을 요구한다.

③ 조정교부금은 일단 교부되면 해당 지방자치단체의 일반재원처럼 활용된다.

④ 국고보조금은 지방자치단체의 자율성을 강화하기 위해 활용된다.

⑤ 2018년 현재 지방이양사업의 원활한 추진을 위해 운영되는 제도로는 분권교부세가 있다.

---

34 ① 종합부동산세는 국세에 해당한다.

※ 국세의 종류

내국세	보통세	직접세	소득세, 법인세, 상속세, 증여세, 종합부동산세
		간접세	부가가치세, 개별소비세, 주세, 인지세, 증권거래세
	목적세		교육세, 농어촌특별세, 교통·에너지·환경세
관세			—

※ 지방세의 종류
- 보통세의 구분

구분	도세	시·군세
특별시·광역시세	취득세, 레저세, 지방소비세,	주민세, 자동차세, 담배소비세, 지방소득세
자치구세	등록면허세	재산세

- 광역시 군지역은 도세와 시·군세의 세목 구분을 적용
- 기초지자체가 없는 제주·세종은 광역단위에서 11개 세목을 전부 징수
- 주민세 특례: 주민세 재산분 및 종업원분은 광역시세가 아니라 구세로 하고, 개인분만 광역시세로 함
- 목적세: 지방교육세, 지역자원시설세

35 ① 과세용도에 따라 보통세와 목적세로 나누는 것은 지방세이다.
② 세외수입은 재원의 성격상 자체재원이다.
③ 국고보조금은 재원의 성격상 의존재원이다.
⑤ 사용료, 수수료, 재산임대수입 등은 세외수입이다.

36 ③ 광역시 군지역은 도세와 시·군세의 세목 구분을 적용하기 때문에, 기장군은 주민세, 자동차세, 담배소비세, 지방소득세, 재산세를 징수한다.

37 ① 대부분의 지방교부세는 일반재원으로 교부받은 지방자치단체가 자유롭게 사용할 수 있다. 끈이 달린 돈(사용용도가 제한)은 국고보조금 등 특정재원의 특징이다.
② 국고보조금에 대한 설명이다. 지방교부세는 지방비 부담을 요구하지 않는다.
④ 국고보조금은 지방자치단체의 자율성을 떨어뜨린다.
⑤ 2023년 기준 분권교부세는 폐지되었다.

Answer   34. ①   35. ④   36. ③   37. ③

38 중앙정부에 의한 지방재정조정제도의 형태가 아닌 것은? 2022 행정사

① 국고보조금

② 지방교부세

③ 국가균형발전특별회계

④ 조정교부금

⑤ 국고부담금

39 우리나라 지방재정조정제도에 관한 설명으로 옳지 않은 것은? 2016 행정사

① 지역 간 재정적 불균형을 시정하는 기능을 한다.

② 거주지역에 관계없이 국민에게 보장해야 하는 최소한의 공공서비스를 제공하기 위한 재원을 확충하는 데 도움을 준다.

③ 국가적으로 추진하는 사업을 장려하거나 촉진하는 기능을 수행한다.

④ 긍정적 외부효과가 큰 지방공공재의 공급을 지원하는 기능이 있다.

⑤ 지방행정 수행에 필요한 재정수요를 충족시켜 지방재정자립도 향상에 기여한다.

40 우리나라 지방교부세에 관한 설명으로 옳지 않은 것은? 2014 행정사

① 지방교부세는 본질적으로 지방자치단체의 공유적 독립재원에 속한다.

② 보통교부세는 사용용도가 정해져 있지 않은 일반재원이다.

③ 지방자치단체 간 재정불균형의 조정은 가능하나 중앙정부와 지방자치단체 간 수평적 재정균형 기능은 미흡하다.

④ 지방자치단체들은 재정자립도 향상 차원에서 지방교부세의 증액을 위해 노력하고 있다.

⑤ 현행 제도상 보통교부세를 교부받지 않는 지방자치단체도 존재하고 있다.

41 국고보조금에 관한 설명으로 옳지 않은 것은? 2015 행정사

① 지방자치단체의 자율성을 약화시킨다.

② 용도가 정해져 있지 않은 일반재원이다.

③ 중앙정부와 지방정부 간의 수직적 재정 조정제도이다.

④ 중앙정부가 재정여건, 정책목표 등을 고려하여 지원 여부를 결정한다.

⑤ 국가 시책을 장려하기 위하여 지원하는 경우도 있다.

42 예산 관련 제도 중 현재 우리나라에서 채택하고 있지 않은 것은? 2015 행정사

① 지방양여금   ② 예산성과금

③ 지방교부세   ④ 준예산

⑤ 주민참여예산

---

38   ④ 조정교부금은 시·도와 시·군·구 사이의 지방재정조정제도에 해당한다.

39   ⑤ 지방교부세, 국고보조금, 조정교부금 등 지방재정조정제도는 재정자립도를 떨어뜨린다.

40   ④ 재정자립도 = (지방세 + 세외수입) / 일반회계 총세입이므로, 지방교부세를 증액하면 재정자립도는 낮아진다. 일반회계 총세입에는 지방세, 세외수입, 지방교부세, 국고보조금 등이 포함되기 때문이다.

41   ② 국고보조금은 용도가 정해져 있는 특정재원이다.

42   ① 지방양여금은 국세로서 징수한 일부 세목의 수입금 전부 또는 일부를 재원으로 하여 이를 일정한 기준에 따라서 지방자치단체에 양여하여 특정사업수요에 충당할 수 있도록 하는 지방재정지원제도의 하나이다. 지방양여금법은 2004년 폐지되었다.
② 예산성과금 : 국가재정법에 따라 예산절감에 기여한 자에게 성과금을 지급할 수 있다.
③ 지방교부세 : 지방교부세법에 따라 중앙정부가 지방자치단체에 교부한다.
④ 준예산 : 대한민국헌법 및 국가재정법에 따라 새로운 회계연도가 개시될 때까지 예산이 성립하지 않으면 전년도 예산에 준해서 일정한 경비를 지출할 수 있다.
⑤ 주민참여예산 : 지방재정법에 따라 지방자치단체의 예산과정에 주민이 참여할 수 있는 제도이다.

Answer   38. ④   39. ⑤   40. ④   41. ②   42. ①

제16절 예산안 편성과 결산

43 지방자치단체의 예산과 관련된 설명으로 옳지 않은 것은?

① 지방의회의 예산안 심의 결과 감액된 지출 항목에 대해 예비비를 사용할 수 있다.

② 시·도지사는 회계연도 시작 50일 전까지 시·도의회에 예산안을 제출하여야 한다.

③ 시·도의회는 회계연도 시작 15일 전까지 예산안을 의결하여야 한다.

④ 시·군·구청장은 회계연도 시작 40일 전까지 시·군·구의회에 예산안을 제출하여야 한다.

⑤ 시·군·구의회는 회계연도 시작 10일 전까지 예산안을 의결하여야 한다.

제17절 지방공기업(지방공기업법)

44 지방공기업에 관한 설명으로 옳은 것은? 2019 행정사

① 일반회계와는 별도로 지방의회의 예산 심의 및 의결이 필요 없는 특별회계로 운영된다.

② 지방공기업법의 적용을 받기 때문에 지방자치법의 적용대상은 아니다.

③ 지방자치단체가 지역주민의 복리증진 등을 목적으로 직접 설치·경영하거나 법인을 설립하여 경영하는 기업이다.

④ 지방자치단체로부터 독립해 있기 때문에 지방자치단체의 통제를 받지 않는다.

⑤ 지방공사 및 지방공단에 소속된 직원은 신분이 지방공무원이다.

45 지방공기업법상 지방직영기업에 관한 설명으로 옳은 것은? 2017 행정사

① 지방자치단체는 지방직영기업을 설치·경영하려는 경우에는 그 설치·운영의 기본사항을 조례로 정하여야 한다.

② 지방자치단체가 새로운 법인을 설립하여 운영하는 간접 경영방식이다.

③ 일반회계와는 별도로 예산의 심의·확정에 지방의회의 의결이 필요 없는 특별회계로 운영된다.

④ 지방공기업법의 적용을 받기 때문에 지방자치법의 적용을 받지 않는다.

⑤ 지방자치단체로부터 독립해 있기 때문에 지방자치단체장의 통제를 받지 않는다.

43 ① 지방자치단체의 장은 지방의회의 예산안 심의 결과 폐지되거나 감액된 지출항목에 대해서는 예비비를 사용할 수 없다.

44 ① 일반회계, 특별회계 모두 지방의회의 예산 심의 및 의결이 필요하다.
② 지방공기업법, 지방자치법 모두 적용받는다.
④ 지방공기업 사장에 대해 지방자치단체의 장이 임면하는 등 통제를 받는다.
⑤ 지방직영기업에 소속된 직원은 공무원이고, 지방공사 및 지방공단의 직원은 신분이 공무원이 아니다.

※ **지방공기업(지방공기업법)**

대상사업	수도사업(마을상수도사업은 제외), 공업용수도사업, 궤도사업(도시철도사업 포함), 자동차운송사업, 지방도로사업(유료도로만 해당), 하수도사업, 주택사업, 토지개발사업 등
종류	• 지방직영기업(법인격 ×): 소속행정기관 형태, 대부분이 공무원 신분, 상수도사업본부 • 지방공사(법인격 ○): 지방자치단체의 위탁과 관계없이 업무영역 확장이 가능, 도시공사 • 지방공단(법인격 ○): 원칙적으로 지방자치단체가 위탁한 기능만을 처리, 시설관리공단
출자 (공사만 허용)	지방공사의 자본금은 지방자치단체가 전액 출자하되, 필요한 경우에는 자본금의 1/2을 넘지 아니하는 범위에서 지방자치단체 외의 자(외국인 및 외국법인을 포함)로 하여금 출자하게 할 수 있음
경영평가 및 경영진단	• 원칙적으로 행정안전부장관이 실시하며, 지방자치단체장으로 하여금 경영평가를 하게 할 수 있음 • 행정안전부장관은 경영평가 결과 또는 특별한 대책이 필요한 경우 경영진단 실시
지방공기업 평가원	지방공기업에 대한 경영평가, 관련정책의 연구, 임직원에 대한 교육 등을 전문적으로 지원하기 위하여 지방공기업평가원을 설립

45 ② 지방직영기업은 지방자치단체의 소속기관 형태로서 별도의 법인격이 없다.
③ 일반회계, 특별회계 모두 지방의회의 예산 심의 및 의결이 필요하다.
④ 지방공기업법, 지방자치법 모두 적용받는다.
⑤ 지방공기업 사장에 대해 지방자치단체의 장이 임면하는 등 통제를 받는다.

Answer　　43. ①　　44. ③　　45. ①

제18절 특별지방행정기관

46 지방자치단체와는 별도로 특별지방행정기관을 설치하는 경우 나타나는 장점으로 옳은 것은? 2013 행정사

① 주민들의 직접참여와 통제가 용이하여 책임행정 확보가 가능하다.
② 광역적인 국가 업무를 효율적으로 처리할 수 있다.
③ 유사중복기능의 수행 인력과 조직으로 행정의 중복성을 통하여 효율성을 강화할 수 있다.
④ 관할범위가 넓어 현지성이 확보됨으로써 지역주민을 위한 행정이 가능하다.
⑤ 특별지방행정기관 증가로 이원적 업무수행이 가능하여 주민들의 행정만족도가 높아지고 혼란을 방지할 수 있다.

제19절 자치경찰

47 자치경찰제에 관한 설명으로 옳지 않은 것은? 2024 행정사

① 2006년 제주특별자치도 자치경찰제 시범 도입에 이어 2021년부터 본격적으로 자치경찰제가 시행되었다.
② 자치경찰사무로 지역 내 주민의 생활안전 활동과 교통활동에 관한 사무가 있다.
③ 광역자치단체장 소속으로 시·도자치경찰위원회가 자치경찰사무를 관장한다.
④ 시·도 자치경찰위원회는 시·도지사의 지휘감독을 받아 자치경찰사무를 수행한다.
⑤ 국가경찰사무는 국민의 생명·신체 및 재산의 보호, 범죄의 예방·진압 및 수사 등이다.

48 우리나라에서 자치경찰단을 두어 자치경찰제를 실시하고 있는 지방자치단체는? 2015 행정사

① 인천광역시
② 서울특별시
③ 세종특별자치시
④ 경상북도 울릉군
⑤ 제주특별자치도

제20절 지방교육자치

49 우리나라 교육자치에 대한 설명으로 옳지 않은 것은?

① 교육자치는 교육의 자주성 및 전문성과 지방교육의 특수성을 살리기 위하여 도입되었다.

② 시·도교육감 선거는 2007년 최초로 실시되었다.

③ 교육감 선거에서 정당공천이 허용된다.

④ 국가사무 중 시·도에 위임하는 교육·학예에 관한 사무는 교육감에게 위임한다.

⑤ 교육감의 임기는 4년으로 하며, 교육감의 계속 재임은 3기에 한정한다.

46 ① 주민들의 직접참여와 통제가 용이하지 않아 책임행정 확보가 어렵다.
③ 유사중복기능의 수행 인력과 조직으로 행정의 중복성이 발생하여 효율성이 떨어진다.
④ 관할범위가 넓은 경우 현지성이 확보되지 못하면 지역주민을 위한 행정이 어렵다.
⑤ 특별지방행정기관 증가는 이원적 업무수행으로 이어지고, 주민들의 행정만족도가 낮아지고 혼란이 발생한다.

47 ④ 시·도 자치경찰위원회는 업무를 독립적으로 수행한다.

> **국가경찰과 자치경찰의 조직 및 운영에 관한 법률 제18조(시·도자치경찰위원회의 설치)** ② 시·도자치경찰위원회는 합의제 행정기관으로서 그 권한에 속하는 업무를 독립적으로 수행한다.

48 2021년부터 자치경찰제는 전국적으로 시행되고 있으나, 별도의 자치경찰단은 제주특별자치도만 두고 있다.

49 ③ 교육감 선거에서 정당공천은 허용되지 않는다.

Answer 46. ② 47. ④ 48. ⑤ 49. ③

2026 박문각 행정사 1차
김재준 행정학개론 문제집

초판인쇄 | 2025. 8. 1.　**초판발행** | 2025. 8. 5.　**편저자** | 김재준

발행인 | 박 용　**발행처** | (주)박문각출판　**등록** | 2015년 4월 29일 제2019-000137호

주소 | 06654 서울시 서초구 효령로 283 서경 B/D 4층　**팩스** | (02)584-2927

전화 | 교재 문의 (02)6466-7202

저자와의
협의하에
인지생략

정가 17,000원

ISBN 979-11-7519-098-6